NOTICE HISTORIQUE

SUR

L'HOTEL-DE-VILLE

DE PARIS.

NOTICE HISTORIQUE

SUR

L'HOTEL-DE-VILLE

DE PARIS,

SA JURIDICTION, SES FÊTES ET LES PRINCIPAUX PERSONNAGES QUI SE
RATTACHENT A SON HISTOIRE,

(1612 à 1839).

Par A. BAILLY,

Ancien sous-Bibliothécaire de la ville, Conservateur de la Bibliothèque de la Société
royale et centrale d'Agriculture, etc.

A PARIS,

CHEZ BEAULÉ, IMPRIMEUR,
Rue François Miron, N° 8.

—

1840.

de maisons communes. C'est ordinairement par leur caractère et leur importance, qu'on peut juger, au premier aspect, de l'opulence et du goût des habitans de la cité. L'Hôtel-de-Ville est toujours sur une grande place publique ; il est ordinaire de l'orner lors des cérémonies publiques. Durand, dans son *Recueil des Monumens anciens et modernes*, a fait graver plusieurs maisons-de-ville. Celle de Bruxelles date de plus de quatre cents ans ; elle est d'un style gothique-saxon ; la petite maison-de-ville d'Oudenarde est d'un genre plus délicat, c'est un mélange de gothique et de mauresque. Les maisons-de-ville d'Amsterdam (l'un des plus beaux édifices de l'Europe), d'Anvers et de Maestricht, sont étrangères au système

d'architecture gothique, mauresque et saxonne ; le retour vers le caractère toscan y est caractérisé. Mais occupons-nous de Paris. L'ancien Hôtel-de-Ville de Paris a toujours été regardé, avec raison, comme un édifice hors de toute proportion avec les besoins actuels d'une ville aussi immense et aussi opulente que Paris ; mais, ainsi que l'observe justement un architecte moderne (M. Legrand), « il y au-
» rait de l'injustice à en accuser les hom-
» mes d'alors. Paris est plus que doublé,
» depuis ce temps, en étendue comme en
» population, et le luxe des commodités
» de la vie s'est accru dans une propor-
» tion plus grande encore. » L'Hôtel-de-Ville n'était d'ailleurs destiné jadis qu'à quelques cérémonies annuelles, et il

n'était en effet, le centre d'aucune grande administration. Une vaste salle pour les banquets publics était la partie la plus importante de ces sortes de bâtimens. Ce n'est que peu à peu que cet édifice reçut des accroissemens et des embellissemens utiles, ainsi que nous allons le voir.

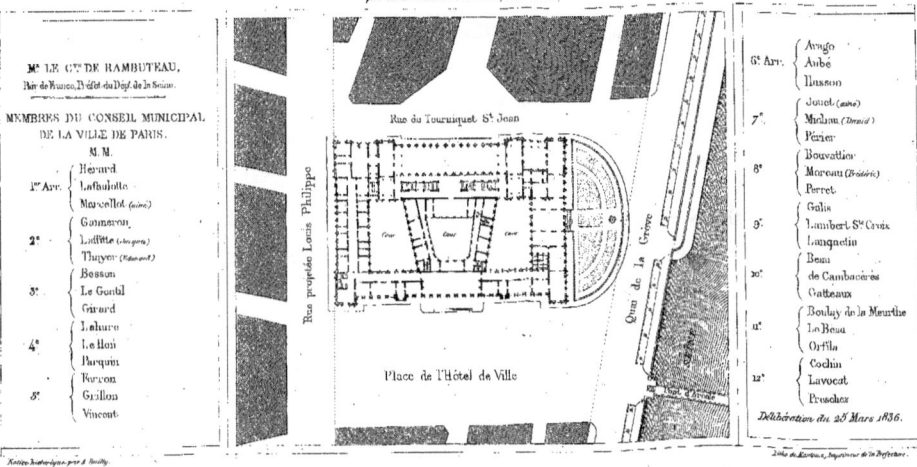

PROJET D'AGRANDISSEMENT DE L'HÔTEL DE VILLE DE PARIS,
par MM. Godde et Lesueur, Architectes.

DESCRIPTION HISTORIQUE

DE

L'HOTEL-DE-VILLE.

CHAPITRE PREMIER.

Le corps municipal de la ville de Paris, ou la *hanse* de Paris, a tenu ses séances dans plusieurs endroits que nous allons faire connaître :

1° Dans une maison, appelée *maison de la Marchandise*, située à la *vallée de Misère*, près de la place du grand Châtelet;

2° Dans un endroit situé entre Saint-l'Euffroy et le grand Châtelet, nommé *Parloir-aux-Bourgeois;*

3° Enfin dans l'Université près du clos des Jacobins, dans un endroit appelé aussi *Parloir-aux-Bourgeois;* c'était un gros édifice avec plusieurs tours environnées de fossés.

Il existait en 1212, à la place de Grève[*], une

---

[*] Place où l'on exécutait les criminels.

maison nommée *Maison de Grève*, laquelle dans la suite fut achetée par Philippe-Auguste à Suger Clayon, chanoine de Paris; cette maison fut appelée Maison aux Piliers, *Domus ad Piloria*, parce qu'elle était soutenue par un grand nombre de piliers. En 1322, la Maison aux Piliers fut donnée par Philippe de Valois à Clémence de Hongrie, veuve et seconde femme de Louis-le-Hutin; malgré le don de Philippe de Valois à Clémence, ce prince, en 1324, donna cette même maison à Gui, dauphin de Viennois, et en renouvela, en 1335, le don à Humbert; elle fut aussi appelée *Maison aux Dauphins*, parce que les deux derniers princes souverains du Dauphiné, et Charles de France, dauphin, l'avaient possédée.

En 1356, Charles de France, dauphin, la donna à Jean Auxerre, receveur des gabelles, de la prévôté et vicomté de Paris, en considération des services qu'il lui avait rendus.

En 1357, Étienne Marcel, prévôt des marchands, acheta de Jean Auxerre, la Maison aux Dauphins pour la somme de *deux mille huit cent quatre-vingt livres* Parisis, forte monnaie, payée en *deux mille quatre cents florins d'or*, au mouton, au coin du roi. Cette *Maison aux Dauphins*, que venait d'acheter Marcel, quoique possédée par divers princes, était fort simple et ne différait des maisons bourgeoises dont elle était voisine, que par deux tourelles ; cependant ce fut la demeure, en 1388, de Jean Juvénal des Ursins, alors prévôt des marchands *.

En 1532, le prévôt et les échevins achetèrent les maisons qui étaient autour de la Maison aux Dauphins, afin d'agrandir et de rebâtir cette dernière ; le projet d'un nouvel édifice ayant été arrêté, Pierre de Viole, alors prévôt des marchands, en posa la première pierre le 15 Juillet 1533 ; sur cette pierre, il y avait une lame de cuivre, où les armes de France étaient gravées, et aux deux côtés les armes de la ville avec cette inscription :

JACTA FUERUNT HÆC FUNDAMENTA ANNO DOMINI 1533,
DIE 15 MENSIS JULII
SUB FRANCISCO PRIMO FRANCORUM REGE CHRISTIANISSIMO
ET PETRO VIOLE EJUSDEM REGIS CONCILIARIO, AC MERCATORUM HUJUSCE,
CIVITATIS PARISIÆ PRÆFECTO ÆDILIBUS,
CONSULIBUS, AC SCABINIS, GERVASIO LARCHER, JACOBO BOURSIER,
CLAUDIO DANIEL, ET JOANNE BARTHOLOMEO.

Le premier et le second étage ne parurent qu'en 1549, mais comme le dessin était conçu sur un plan gothique, on en suspendit la construction.

La même année, Dominique Boccardo, conçut un plan qui, après avoir reçu l'approbation de Henri II,

---

* Sauval donne ainsi la description de l'Hôtel aux Dauphins : « Il y
» avait deux cours, un poulailler, des cuisines hautes, basses, grandes et
» petites ; des étuves accompagnées de chaudières et de baignoires ; une
» chambre de parade, une autre d'audience, appelée le plaidoyer ; une
» chapelle lambrissée, une salle couverte d'ardoises, longue de cinq toises
» et large de trois, et plusieurs autres commodités. »

alors à Saint-Germain-en-Laye, fut mis à exécution.

Les circonstances malheureuses des règnes de Charles IX et de Henri III, ne permirent de finir cet édifice que l'an 1605, sous le règne de Henri IV, par les soins de François Miron alors prévôt des marchands; ce magistrat, fit faire le perron, les escaliers, le portique, la figure équestre de Henri IV, et les autres ornemens de la façade ; il n'y a point eu, à cette époque, de magistrat aussi zélé pour l'utilité et l'embellissement de Paris.

La façade actuelle de l'Hôtel-de-Ville, présente un corps de bâtiment flanqué de deux pavillons plus élevés, et dont les combles, suivant l'usage du temps, sont d'une grande hauteur. Cette façade est, au premier étage, percée de treize fenêtres et ornée de plusieurs niches. Elle est surmontée par une campanille, où fut, en 1781, placée l'horloge [*] de la ville, ouvrage très-recommandable du célèbre horloger Lepaute : le cadran est éclairé pendant la nuit.

Au-dessus de la porte d'entrée, on voit la statue équestre de Henri IV, chef-d'œuvre de Pierre Biard; c'est une copie de Marc-Aurèle au capitole de Rome; cette statue fut dégradée pendant les guerres de la

---

[*] Autrefois cet horloge sonnait aux grandes fêtes et aux réjouissances publiques.

Fronde, pendant la révolution, et enfin restaurée et coulée en bronze.

On arrive à l'Hôtel-de-Ville par un perron extérieur composé de plusieurs marches; on en monte encore un plus grand nombre lorsqu'on est dessous le bâtiment; ensuite on arrive jusqu'à une cour décorée d'arcades, au-dessus desquelles étaient et ne sont plus, à la mémoire de Louis-le-Grand, les inscriptions suivantes :

1re INSCRIPTION.

Entrevue de Louis XIV * et de Philippe IV, roi d'Espagne, dans l'isle des Faisans, où la paix fut signée entre les deux rois. — Le mariage du roi avec Marie-Thérèse d'Autriche, infante d'Espagne. — L'entrée solemnelle de leurs Majestés dans la ville de Paris, au milieu des acclamations du peuple. 1660.

2me.

Naissance de Monseigneur le Dauphin, à Fontainebleau, le 1er novembre 1661.

3me.

Le roi d'Espagne désavoue l'action de son ambassadeur en Angleterre. 1662.

4me.

Reddition de Marsal, renouvellement d'alliance avec les Suisses. 1663.

---

* Celle-ci est la seule qui existe maintenant.

5ᵐᵉ.

Le légat fait satisfaction au roi de l'attentat commis sur un ambassadeur à Rome. 1664.

6ᵐᵉ.

Victoire remportée sur les corsaires de Tunis et d'Alger sur les côtes d'Afrique. 1665.

7ᵐᵉ.

Secours accordés aux Hollandais contre l'Angleterre. 1666.

8ᵐᵉ.

Le roi porte ses armes en Flandre pour la défense des droits de la reine, et prend plusieurs villes. 1667.

9ᵐᵉ.

Conquête de la Franche-Comté en dix jours, au milieu de l'hiver. 1668.

10ᵐᵉ.

Depuis la paix d'Aix-la-Chapelle, le roi employa ses forces de mer contre les Turcs. 1669.

11ᵐᵉ.

Prise de Pont-à-Mousson et d'autres places. Toute la Lorraine soumise à l'obéissance du roi. 1690.

12ᵐᵉ.

Le roi visite et fait fortifier toutes les places qu'il a pris en Flandre. 1671.

13ᵐᵉ.

Le roi irrité contre les Hollandais, entre dans leur pays, et s'en rend maître. 1672.

14ᵐᵉ.

Le roi assiége Maestricht et l'emporte en treize jours. La

flotte de France et celle d'Angleterre défont celle de Hollande. 1673.

15ᵐᵉ.

La seconde conquête de la Franche-Comté. Victoire sur les impériaux, les Espagnols et les Hollandais, à Senef. 1674.

16ᵐᵉ.

L'armée impériale chassée d'Alsace et forcée de repasser le Rhin. 1675.

17ᵐᵉ.

La levée du siége de Maestricht par le prince d'Orange. Les flottes d'Espagne et de Hollande brûlées dans le port de Palerme. 1676.

18ᵐᵉ.

Prise de Valenciennes et de Cambrai. La bataille de Mont-Cassel, suivie de la réduction de Saint-Omer. 1677.

19ᵐᵉ.

La prise de Gand et d'Ipre par le roi en personne. Prise de Puycerda en Catalogne. 1678.

20ᵐᵉ.

Le roi fait restituer à ses alliés les villes qui leur avaient été prises. Paix générale. 1679.

21ᵐᵉ.

Mariage de Monseigneur le Dauphin avec la princesse Anne-Marie-Christine-Victoire de Bavière. 1680.

22ᵐᵉ.

En un jour Strasbourg et Cassel reçoivent les troupes et la protection du roi. 1681.

23me.

Naissance de Monseigneur le duc de Bourgogne. Alger foudroyé par les vaisseaux du roi. 1682.

24me.

Les Algériens forcés à rendre tous les esclaves français. La prise de Courtray et Dixmude. 1683.

25me.

Le roi accorde la paix aux Algériens, punit les Génois, prend Luxembourg, force les ennemis d'accepter une trêve de 20 ans, et remet, à la prière des Espagnols, trois millions cinq cent mille livres de contribution. 1684.

26me.

Révocation de l'édit de Nantes, hérésie éteinte en France par le zèle et la piété du roi, soumission de Gènes par son doge. 1685.

27me.

Ambassade du roi de Siam avec de magnifiques présens. Les missionnaires envoyés en divers endroits du monde. Établissement royal de la maison de Saint-Cyr pour trois cents demoiselles. 1686.

28me.

Les vœux de toute la France pour la santé du roi, cet hôtel honoré de sa présence ; il y fut servi par les prévôts des marchands, échevins, conseillers et quartiniers. 1687.

29me.

Papachin, vice-amiral d'Espagne, forcé de saluer le pavillon de France, à 15 lieues d'Alicante. Philisbourg pris par l'armée du roi, commandée par Monseigneur. 1688.

50me.

Protection donnée au roi et à la reine d'Angleterre contre leurs sujets rebelles. 1689 *.

On remarquait en outre, autour de la cour de l'Hôtel-de-Ville, les portraits des prévôts des marchands.

On voit, sous l'arcade qui fait face à l'entrée, la statue de Louis XIV, qui fut placée par le prévôt des marchands en mémoire de la guérison de ce prince arrivée en 1687. Cette statue est de bronze ; c'est l'ouvrage d'Antoine Coisevox : Louis XIV est représenté vêtu et cuirassé à la grecque, et coiffé à la française par une perruque énorme et ridicule, comme on les portait sous son règne. Le piédestal ** était chargé d'inscriptions et de bas-reliefs ; voici celle qui était sur le devant de la statue :

LUDOVICO MAGNO.
VICTORI PERPETUO, SEMPER PACIFICO.
ECCLESIÆ ET REGUM DIGNITATIS ASSERTORI,
PRÆFECTUS ET EDILES ÆTERNUM HOC FIDEI OBSEQUENTIÆ,
PIETATIS ET MEMORES ANIMI, MONUMENTUM POSUERUNT.
ANNO R. S. H. M. D. C. L. XXXIX.

« A la gloire de Louis-le-Grand, toujours vainqueur, tou-
» jours pacifique, protecteur de l'Église et des rois ; le prévôt
» des marchands et échevins ont élevé ce monument éternel de
» leur fidélité, de leur respect, de leur zèle et de leur reconnais-
» sance, l'an de grâce 1689. »

---

* Toutes ces inscriptions sont de André Filibien, célèbre par ses travaux sur l'histoire de Paris.
** Pendant la révolution on enleva cette statue pour la déposer dans les magasins du Roule, où elle fut mutilée ; elle a été restaurée en 1814 et rétablie à son ancienne place.

Sur le derrière du piédestal était écrit :

ANNO MILLESIMO SEXCENTESIMO QUINQUAGESIMO TERTIO QUARTA JULII,
REX AUGUSTAM HANC CEDIT BASILICAM,
IGNE NEFANDO NUPER INCENSAM CIVIUMQUE SANGUINE POLLUTAM FERALIS DIE
ANNI FERALIS QUAM FESTIS EXPIAT IGNIBUS,
JULIANUS GERVAIS ET MATHURINUS DE MOUCHENY, ÆDILES,
VOTIS PRO REGE PUBLIUS ESTIAM ET SUÆ ADJUNXERE ANNO 1654.

Outre ces deux inscriptions que l'on voyait devant et derrière le piédestal, il en a été mis deux autres sous la statue, comme on fait quand on pose les premières pierres de quelques édifices publics. Voici ces inscriptions qui sont purement historiques.

CIVITAS PARISIENSIS :
UT ÆTERNE COMMENDARET DIEM ILLAM FELICISSIMAM,
QUA LUDOVICUS MAGNUS POST RESTITUTAM ET CONFORMITAM VALETUDINEM
CIVIUM OMNIUM VOTIS EXPETITAM,
AC REDDITUS IN B. M. VIRGINIS SACRIS ÆDIBUS GRATIARUM ACTIONES,
HOC URBIS PRÆTORIUM SOLEMNI POMPA INGRESSUS, MENSÆ ACCUBICIT,
MINISTRANTIBUS PRÆFECTO, ÆDILIBUS ET PRIMARIIS CIVIBUS :
ÆNEAM HANC STATUAM PERPETUAM TANTI BENEFICI MONUMENTUM ESSE VOLUIT,
ANNO REPARATÆ SALUTIS HUMANÆ. — M. DC. XXXIX.

« La ville de Paris a fait dresser ce monument éternel de son
» respect, de sa fidélité, et de sa reconnaissance, dans cet hôtel
» public de ses assemblées, pour conserver la mémoire de l'hon-
» neur que lui fit Louis-le-Grand, le 30me jour de janvier de l'an-
» née 1687, y dinant avec toute la maison royale, servi par les
» prévôts des marchands, échevins, conseillers, et quartiniers,
» après avoir rendu à Dieu, dans l'église métropolitaine de Notre-
» Dame, de solennelles actions de graces pour le recouvrement
» de sa santé, que tous nos citoyens avaient demandé au ciel par
» de très-instantes prières. »

Derrière la statue de Louis XIV, dans le fond de la cour, au-dessus d'une porte qui est sous la galerie, il y avait une table de marbre, où était écrit en lettres d'or, l'inscription suivante :

SENATUS, POPULO, EQUITIBUSQUE PARISIENSIBUS, PIE DESEMERITIS,
FRANCISCUS PRIMUS FRANCORUM REX POTENTISSIMUS HAS ÆDES A FUNDAMENTIS
EXTRUENDAS MANDAVIT AC CURAVIT;
COGENDISQUE PUBLICE CONSILIIS, ET ADMINISTRANDÆ REPUBLICÆ.
DICAVIT ANNO 1533, DIEBUS JULII.
PETRO VIOLE, PREFECTO DECURIORUM.
CLAUDIO DANIELE, JOANNE BARTHOLOMEO DOMINICO CROTONÉNSI ARCHITECTANTE.

Il existait une autre figure de marbre et de la même hauteur que la statue de Louis XIV, elle était de Giles Guérin; mais lorsque ce prince vint en 1687, à l'Hôtel-de-Ville, il la fit ôter et la donna à Fourcy, prévôt des marchands.

On voyait aussi l'inscription suivante dans la cour, au-dessous du cadran *.

LUDOVICO XIV IN URBEM NON SINE NUMINE DISSIDIIS SEDATAM REDUÆ.
HAS MUNICIPALES CUM REGINA MATRE ÆDES ADEUNTE,
ACCLAMANTIBUS OMNIBUS,
FESTIVI NATALITIO DIE IGNES ACCENSI, COMMESSATIONES ORDINATÆ.
SALTATIONES INSTITUTÆ,
IN CIVICI SIGNUM AMORIS ET PERENNIS IN REGEM OBSEQUII
NONNIS SEPTEMBER. 1649.

L'Hôtel-de-Ville fut réparé en 1384 comme on

---

* Dans cette même cour, on voyait encore en 1817, quelques-uns des portraits en médaillon de plusieurs prévôts des marchands. On a eu depuis la maladresse de les faire disparaître à force de reblanchir et gratter.

le voyait par l'inscription qu'on lisait au-dessous du cadran, du côté de la Grève, en ces termes :

ÆDES RENOVATÆ REGNANTE LUDOVICO MAGNO,
QUATER PREFECTO,
AUGUSTO ROBERTO DE POMMEREU, ÆDILIBUS, C. LE BRUN, M. GAMARE,
M. CHAUVIN ET P. PARQUE.
1684.

Toutes ces inscriptions, que nous venons de faire connaître, n'existent plus ; il en est de même des portraits des prévôts des marchands, car cette cour à plusieurs époques subit divers changemens, et tout a disparu.

L'antichambre de la salle *des Gouverneurs* actuellement salle *des Huissiers,* était ornée d'un tableau peint par de Troy père à l'occasion de la naissance du duc de Bourgogne, père de Louis XV ; et la salle offrait sur la cheminée, un portrait de Louis XV donné, en 1736, par ce roi. Un très-grand tableau avait pour sujet, Louis XV assis sur son trône, recevant les hommages du prévôt et des échevins de Paris, à l'occasion de la paix de 1739 ; ce tableau était de Carle Vanloo.

Dans la salle *d'Audience,* on remarquait, parmi plusieurs tableaux, l'entrée de Henri IV à Paris, et celle de Louis XVI, dans cette ville, après qu'il eut, en 1774, rétabli les parlemens.

Dans la grande salle, dite *salle du Trône,* sont, à ses extrémités, deux vastes cheminées ornées de persiques, cariatides bronzées et de figures allégoriques couchées sur des plans inclinés terminés par des enroulemens fort en usage sous le règne de Henri IV, époque où ces cheminées paraissent avoir été construites.

On voyait, dans cette salle, plusieurs tableaux de Porbus, de Rigaud, de Louis de Boullongne, de l'Orgillière, de Vien et de Ménageot, dont les sujets étaient relatifs à des mariages, à des naissances de rois et de princes, et autres événemens qui intéressaient la cour et la ville, et qui avaient rapport à l'histoire de la municipalité de Paris.

En 1830, il a été question d'y placer un tableau immense, représentant des scènes de la révolution; à cet effet, on avait arraché la tenture sous laquelle on trouva encore des affiches, placardées dans le temps de la révolution de 93, sur lesquelles on lisait: *Tribunal révolutionnaire, République, Unité, Indivisibilité ou la mort.* etc., etc.

Cette salle a cinquante pas de longueur; sur la cheminée, qui se trouve à l'extrémité septentrionale, était un portrait en pied de Louis XV. Sur celle qui lui est opposée, était un portrait, aussi en pied, de Louis XVI.

On remarque, dans la même salle, une jolie statue équestre de Henri IV, en petite proportion et pareille à celle qui figure aujourd'hui sur le môle du Pont-Neuf.

C'est dans cette salle, et celles qui suivent, que se célébraient les cérémonies publiques, fêtes et banquets que donnait la ville.

A côté de la salle du Trône, et au-dessus de l'arcade Saint-Jean, on voit, dans le cabinet de M. le secrétaire-général (naguère salle du Zodiaque), la belle menuiserie du célèbre Jean Goujon, où les douze mois de l'année sont représentés.

A l'autre côté de cette vaste salle, est le cabinet de M. le Préfet ; à la suite, se trouvait la salle dite des Fastes, très-simplement décorée et composée de trois pièces décorées pareillement, et n'étant séparées que par des cloisons mobiles et à jour, ne formant à volonté qu'une seule pièce, au bout de laquelle se trouvait un vestibule, qu'on traversait pour entrer dans les salles de la bibliothèque de la ville, situées autour de la salle Saint-Jean, et dans l'une de ces salles la société royale et centrale d'Agriculture tenait ses séances ; depuis 1817, on pouvait, en sortant de la bibliothèque entrer dans la salle dite du Jardin, bâtiment construit en 1823, à l'occasion de la fête donnée par la ville au retour du duc d'Angoulême de la guerre d'Espagne.

A la suite de la salle du Jardin se trouvait plusieurs autres pièces, plus ou moins vastes, où se réunissait les sociétés de Géographie, de Médecine, etc., ainsi que le conseil des hospices, le conseil général, etc.

Sous la salle du Jardin se trouvait la salle des Colonnes, qui était bâtie sur l'ancien jardin ; plusieurs bureaux avaient été construits sur le côté de la rue du Martrois, qui n'existe plus.

C'est en 1801 qu'on établit les bureaux de la préfecture du département de la Seine ; on exécuta à cette époque, dans l'intérieur de cet édifice, des changemens et des réparations convenables à sa nouvelle destination ; quelques salles reçurent une distribution nécessaire, et, malgré les augmentations du local* ajouté à ce bâtiment, il était encore insuffisant pour contenir les différentes parties du service qu'exige la multiplicité des affaires dont l'administration se trouve chargée ; il était des époques où toutes les salles, les corridors, les vestibules, etc., se trouvaient occupés par les diverses sociétés, examens, réunions, adjudications, etc., qui ont eu lieu dans cet hôtel.

On peut dire que l'Hôtel-de-Ville de Paris était peu digne de la capitale ; car, à plusieurs époques, les échevins sentirent la justesse de cette vérité,

---

* Par suite de la démolition des bâtimens de l'église et de l'hôpital du Saint-Esprit (dont les historiens fixent la fondation en 1362, et l'église en 1406), situés au nord, et d'une partie de l'église de Saint-Jean-en-Grève, située à l'est de l'hôtel. C'est sur l'emplacement de l'hôpital du Saint-Esprit, qu'avait été construit l'hôtel particulier du préfet de la Seine et que l'on démolit en ce moment. Dans ce monument on voyait encore en 1839 une inscription, indiquant le prix des chaises de l'église.

et nous voyons, en 1781, un échevin nommé Cosseron, qui proposa de le transporter sur le terrain du Pont-Neuf et de la place Dauphine; les plans existent dans un recueil manuscrit très-curieux conservé à la bibliothèque de l'Arsenal. Ce n'est que depuis quelques années qu'il est question de l'exécution d'un bâtiment consacré à la ville de Paris; le plan en avait même été donné et agréé, et c'était le vœu des magistrats; mais on pensait que cette construction, pour être digne de son objet, coûterait beaucoup, et la ville avait alors des dépenses encore plus urgentes; il était réservé à un magistrat dévoué aux intérêts de la ville de Paris, qui lui doit déjà un grand nombre d'embellissemens, de voir ce beau projet mis à exécution. Dès le 26 mars 1836, le conseil municipal a adopté le projet de MM. Godde et Lesueur, architectes de la ville, pour l'agrandissement et l'embellissement de l'Hôtel-de-Ville, dont les travaux sont dirigés par M. Vivenel, entrepreneur général, que l'on cite pour le zèle qu'il apporte dans ces constructions, et qui justifie bien la confiance de l'administration. Suivant ce projet, approuvé depuis par le conseil des bâtimens civils et le ministre de l'intérieur, les constructions nouvelles consisteront dans deux ailes ajoutées de chaque côté de la façade actuelle; l'une allant à la rencontre de la rue Louis-Philippe projetée, avec laquelle elle se coupera en équerre ; l'autre aile, en tout pareille à la première, s'étendra vers le quai. Deux façades latérales, à l'angle droit, avec la façade, seront construites, l'une sur cette rue projeté, l'autre sur le quai ; elles seront liées ensemble par la façade postérieure à l'est, laquelle complétera le parallélogramme et formera le périmètre du nouvel Hôtel-de-Ville ; la façade du quai sera précédée d'une terrasse, en hémicycle, principalement destinée à l'isoler de la voie publique; cet édifice sera terminé dans trois ans; l'adjudication a été faite au prix de 5,964,709 fr. 91 c. ; le délai de la construction est fixé à cinq ans. Les travaux ont commencé le 20 septembre 1837 ; il n'y a pas eu de première pierre posée, selon l'usage, on réserve cette cérémonie pour la fin des constructions. Le nouvel hôtel affranchira la ville de 80,000 fr. de loyer, qu'elle paie pour les divers services de l'administration, qui ne pouvaient se loger dans l'ancien hôtel ; au 31 août 1839, la ville avait déjà payée une somme de 2,275,596 fr. pour les travaux *. Cependant M. le préfet ne s'occupe pas seulement de l'Hôtel-de-

---

* De toutes les entreprises ordonnées pour les embellissemens de la ville de Paris, la plus importante, la plus gigantesque, est, sans contredit, l'agrandissement de l'Hôtel-de-Ville, exécuté sur les dessins de nos deux habiles architectes, MM. Godde et Lesueur, par M. Vivenel, homme de probité et de talent, qui a conduit cette entreprise à pas de géant. Ce constructeur s'acquitte avec habileté de la mission qui lui a été confiée, et

Ville, et, depuis 1832, d'importans travaux ont été entrepris et terminés : le quai de l'École, le quai Pelletier, les quais du Port-au-Blé, Saint-Paul, des Célestins, le beau quai Saint-Bernard, qui commence au pont de la Tournelle, et qui va au Jardin-des-Plantes ; toutes ces belles promenades si utiles à une grande capitale, les plantations d'arbres, si nécessaires au moment où les constructions font disparaître les jardins ; les nouveaux ponts, passerelles, etc., donnent à Paris un aspect vraiment nouveau ; l'église de la Madeleine, terminée, est offerte dans toute sa majesté à l'admiration empressée du public ; la belle place de Louis XVI, la longue promenade des boulevarts, garnie de trottoirs propres et commodes ; l'éclairage au gaz sur toute cette ligne ; la colonne de Juillet qui va être inaugurée ; tous ces travaux d'assainissement des rues, ces chaussées bombées, et ces immenses projets, la plupart en cours d'exé-

---

l'élévation du nouvel édifice, le plus majestueux de la capitale, s'exécute à l'étonnement et à l'admiration de tous.

Les façades du pavillon sur la place de Grève et sur le quai, sont terminées ; celles sur les rues Lobau et de la Tixéranderie, sont entreprises sur toute la longueur, et si l'hiver ne se montre pas trop rude, ces constructions seront prêtes à recevoir la couverture au printemps prochain.

Sur la place de Grève et rue de la Tixéranderie, au-devant de l'hôtel de préfecture, on s'occupe de démolir les dépendances de l'hôtel, et la fouille est ordonnée sur toute la façade. Dans le courant de l'été prochain M. le Préfet prendra possession de son nouveau logement.

cution, dont s'occupe activement le conseil municipal de cette grande cité, à qui la ville a confié ses intérêts, justifient bien cette confiance, et tout fait espérer que les sciences, les arts, le commerce, alimentés par la confiance générale, refleuriront d'une nouvelle splendeur !

§ II.

JURIDICTION DE L'HOTEL-DE-VILLE.

« Dans toute l'Europe, il est resté des traces des » anciennes communes, et de leur existence, cela » prouve, en général, que la chaîne des droits po- » sitifs n'a pas été complètement rompue ; » dit M. de Bonald. Ces traces existent dans les temps les plus reculés de l'histoire de Paris, et la juridiction de l'Hôtel-de-Ville ne commence pas seulement aux réglemens faits en 798 par Charlemagne ; nous devons voir l'origine du pouvoir municipal de Paris à l'époque de cette inscription :

TIB. CÆSARE, AVG. JOVI OPTVMO, MAXSVMO .... M.
NAVTÆ PARISIAC, PVBLICE POSIERVNT.

(Sous Tibère-César-Auguste, les nautes parisiens élevèrent publiquement cet autel à Jupiter, très-bon, très-grand.)

Depuis ce temps, le corps des *nautes* n'a cessé d'exister sous différens noms, tout semble indiquer que l'administration municipale et la police de la navigation étaient confiées à cette compagnie, qui, regardée dès lors comme municipale, changea son premier nom en celui de *hanse*. Sous Louis VI, dit le Gros, et Philippe-Auguste, cette association eut ses priviléges, qui furent confirmés par Saint-Louis. A cette époque, la ville eut des armoiries, alors composées d'un navire d'argent. L'ordonnance du 27 février 1699 les fixe ainsi : de gueules, au navire habillé d'argent flottant sur des ondes de même, au chef semé de France.

L'ordonnance du 20 décembre 1817 lui donne : de gueules, au vaisseau équipé d'argent soutenu d'une mer de même, au chef d'azur, semé de fleurs-de-lys d'or sans nombre ; on y a ajouté une couronne murale de quatre tours, accompagnées de deux tiges de lys formant supports, ornemens extérieurs déterminés par l'ordonnance du 20 décembre même année.

Depuis 1830, les fleurs-de-lys sont remplacées par des étoiles sans nombre, et les deux tiges de lys, par deux branches de lauriers ornées de douze coqs gaulois, représentant les douze mairies de Paris.

Le premier titre où il soit parlé des prévôts des marchands et des échevins est une ordonnance de police d'Etienne Boilesve, prévôt de Paris. Un arrêt du parlement, de 1269, leur donne le titre de prévôt des marchands.

L'Hôtel-de-Ville continua à jouir de tous ses priviléges jusqu'à Charles VI. Ce prince, voulant tirer une vengeance éclatante de la sédition des maillotins, supprima la juridiction de l'Hôtel-de-Ville et chargea le prévôt de Paris de l'administration municipale. En 1411, le roi s'appaisa et rétablit cette juridiction ; et vers 1415, une ordonnance rétablit les priviléges du prévôt des marchands et des échevins. Ces priviléges furent successivement augmentés par tous les rois.

L'Hôtel-de-Ville de Paris marque dans l'histoire par des événemens importans qui s'y sont passés à plusieurs époques, tels que sous Jean-le-Bon, Charles VI, la Fronde, la révolution de 1789 et celle de 1830. Ces divers événemens embrassent la formation et le développement du pouvoir de la municipalité parisienne, la lutte énergique soutenue par les prévôts des marchands, en faveur des priviléges et de l'autorité de la ville, contre la noblesse et la royauté. Le pouvoir municipal, comme tous les autres pouvoirs, fut affaibli et abaissé sous Louis XIV ; mais il se releva plus puissant et plus indépendant, à l'époque de la révolution de 89. Napoléon réduisit la municipalité de Paris à une simple machine administrative. A l'époque de la révolution de juillet 1830, nous avons vu, durant quelques jours, cette municipalité reprendre son autorité populaire, mais calme, choisir un roi, le recevoir dans son palais et le présenter au peuple, établir un gouvernement provisoire, sous le nom de commission municipale, qui était composé de MM. Mauguin, Périer, Schonen, comte maréchal Lobau, Puyraveau et Laffitte. C'est à ce moment et depuis qu'on parle toujours d'un programme de l'Hôtel-de-Ville *. Au dire de quelques personnes, ce programme était une espèce de constitution démocratique qui n'a jamais existé, à moins que l'on veuille prendre pour telle la proclamation (de circonstance) adressée aux habitans de Paris par les membres du gouvernement provisoire, proclamation énergique et remarquable qui, du reste, n'était que l'expression des esprits du moment**.

Ne pouvant nous étendre dans une simple notice, nous croyons faire plaisir à nos lecteurs en leur donnant la description du cortége de l'ancien corps municipal, à l'entrée de Charles-Quint à Paris ; c'est un reste de la physionomie de l'ancien Paris :

1539. — Le 1er janvier, l'empereur Charles-

---

* Plusieurs étrangers, en visitant l'Hôtel-de-Ville, ont demandé à voir le programme annoncé, croyant sans doute voir un objet curieux.

** On pense bien que ce n'est pas dans cette notice que nous entrerons dans des détails sur les événemens multipliés qui se passèrent à l'Hôtel-de-Ville en cette circonstance, nous renvoyons au *Moniteur*, et à l'ouvrage de M. Petit sur la révolution de 1830, page 53.

XVIᵉ SIÈCLE   Règne de François 1ᵉʳ

ÉCHEVIN DE PARIS.

XVIe SIÈCLE   Règne de François 1er.

PRÉVOT DES MARCHANDS.

Quint vient à Paris ; le corps municipal va au-devant de lui. Voici la description du cortége, d'après les registres de l'Hôtel-de-Ville : « Après la
» longue file d'officiers de l'Université et des corpo-
» rations de métiers, venoient : les huit autres ser-
» gens de la dicte ville, vestus de leurs robbes my-
» parties de la livrée de la dicte ville, et les navires
» d'argent, d'orfévrerie, sur leurs manches droites,
» en la manière accoustumée.

» Après, marchoient messieurs les prévôts des
» marchands, eschevins et greffiers de la dicte
» ville, vestus de riches robbes my-parties de cou-
» leurs cramoisy et velours tanné celui du dict
» prévôt des marchands fourée de martres giblines
» et celles des dicts eschevins et greffier dou-
» blées de velours noir. Après eux marchoient les
» procureurs et receveurs de la dicte ville, c'est as-
» savoir : le dict procureur, d'une robbe de velours
» rouge cramoisy, doublée de velours noir, et le dict
» receveur d'une robbe de satin, fourée de martre.
» Après marchoient les conseillers d'icelle, vestus
» de riches habits de soie fourrez de belle et riche
» panne, chascun selon son pouvoir.

» Après, marchoient les seize quartiniers de la
» dicte ville, tous vestus de robbes de satin tanné.

» Après, marchoient les quatre esleus * de la

---

* Élus.

» drapperie, qui devoient porter le ciel (dais)
» après mes dicts sieurs de la ville, et estoient
» vestus de robbes de velours tanné, etc. »

Les prévôts des marchands et échevins tenaient leur juridiction les mercredis et les samedis matin. Elle s'étendait, avant la révolution, sur les rentes * de la ville, sur la police, les quais et les portes de la rivière. Outre les prévôts des marchands et les échevins, qui étaient élus tous les ans, le 16 août, jour de saint Roch, avec beaucoup de pompe, il y avait vingt-six conseillers de ville, un procureur, un avocat du roi, un substitut, un greffier, un receveur, des quartiniers, dixainiers, cinquantainiers, trois cents archers et leurs officiers, des commis ou huissiers, des commissaires de police sur les ports, des étalonneurs.

Malgré les services éminens rendus par les électeurs à la ville de Paris, dans les journées des 12, 13 et 14 juillet 1789, on les voyait avec peine, c'est-à-

---

* En 1522, François Ier, s'étant vu obligé, par les désastres des guerres d'Italie, d'emprunter 200,000 livres à la ville de Paris, moyennant un intérêt de 12 p. %; la demande était délicate; on pouvait craindre que la défiance n'inspirât un refus. Le contraire arriva, l'abandon qu'il fit aux magistrats municipaux des droits établis sur le débit des vins, en garantie du paiement des intérêts, rassura les capitaux; les riches bourgeois vinrent en foule apporter leur argent, et l'emprunt fut rempli. C'est ainsi que commencèrent les rentes sur l'Hôtel-de-Ville, depuis si considérablement accrues et remplacées par des rentes sur l'état, et qui s'éteignent graduellement.

dire avec envie, administrer les affaires ; chaque district administrait déjà dans son arrondissement. Le maire de Paris (Bailly) sentit la nécessité d'une municipalité populaire et autorisée, qui ne fût pas une assemblée nombreuse, et s'occupa de l'organisation de cette municipalité, voyant avec peine l'administration d'une grande ville confiée à une assemblée de plus de quatre cents personnes.

Depuis 1834, le corps municipal de Paris se compose du préfet du département de la Seine, du préfet de police, des maires, des adjoints et des conseillers élus par les électeurs de la ville de Paris

Les douze arrondissemens nomment chacun trois membres du conseil municipal.

Il y a un maire et deux adjoints pour chacun de ces arrondissemens.

Ils sont choisis par le roi, sur une liste de douze candidats nommés par les électeurs de l'arrondissement. Ils sont nommés pour trois ans et toujours révocables.

Quatre conseillers élus dans chacune des sous-préfectures de Sceaux et de Saint-Denis, forment, avec les trente-six membres du conseil municipal de Paris, le conseil général de la Seine ; et le conseil de préfecture se compose de cinq membres nommés par le roi.

LISTE

DES

PRÉVOTS DES MARCHANDS, MAIRES ET PRÉFETS

DE

L'HÔTEL-DE-VILLE DE PARIS,

Depuis Saint-Louis, jusqu'à S. M. Louis-Philippe Ier.

De 1268 à 1830.

PRÉVOTS DES MARCHANDS SOUS DIVERS RÈGNES.

		élus en			élus en
Sous Saint-Louis...	Augier.	1268	Sous Charles VII.	Laillier.	1436
				Deslandes.	1438
Sous Philippe II.	Pisdoé.	1276		Baillet.	1444
	Bourdon.	1280		Bureau.	1450
Sous Philippe IV.	Arrodé.	1288		Budé.	1452
	Popin.	1289		Nanterre.	1456
	*Bourdon.	1296		Deliures.	1460
	Barbette.	1298			
	Pisdoé.	1304	Sous Louis XI...	Lagrange.	1466
				Louviers.	1468
Sous Louis X......	Barbette.	1314		Hesselin.	1470
Sous Philippe V....	Gentien J.	1321		Lecomte.	1474
				Deliures.	1476
Sous Jean-le-Bon.	Marcel.	1355			
	Culdoé J.	—	Sous Charles VIII.	Delahaye.	1484
	Desmarets.	1359		Du Brac.	1486
				Poignant.	1490
Sous Charles V.....	Fleury.	1371		Piedefer.	1492
	Chauveron.	1380		Viole.	1494
	De Folleville.			Montmiral	1496
		1388		Piedefer.	1498
	Juvénal des Ursins.	1400	Sous Louis XII.	Potier.	1500
	Culdoé Charles.			Demarle.	1502
		1404		Luillier.	1504
	Gentien P.	1411		Raquier.	1506
Sous Charles VI..	D'Espernon.	—		Legendre.	1508
	Gentien P.	1413		Turquant.	1510
	De Brabant.			Barme.	1512
		1415		Boulart.	1514
	Ciriasse.	1417			
	Prevost.	1418	Sous François Ier.	Clatin.	1516
	Lecoq.	1419		Lescot.	1518
	Sanguin.	1420		Leviste.	1520
	Rapioult.	1421		Budé.	1522
				Morin.	1524

* Les noms désignés plusieurs fois, indiquent la réélection.

Suite des Prévôts des Marchands.

élus en

	Demarle.	1526		De Mesme.	1618
	Spifame.	1528		Le Bailleul.	
	Luillier.	1530			1622
	De Violle.	1532		Sanguin.	1628
	Tronçon.	1534	Sous Louis XIII..	Maureau.	1632
Sous François Ier.	Dethou.	1538		Leferon.	1638
	De Montmiral.			Perrot.	1641
		1540		Le Boulanger.	
	Gaillard.	1542			1641
	Morin.	1544			
	Gayant.	1546		Scarron.	1644
				Leferon.	1646
	Guyot.	1548		Lefebvre.	1650
	Dethou.	1552		Desève.	1650
Sous Henri II...	Deliures.	1554		Voisin.	1662
	Perrot.	1555	Sous Louis XIV..	Lepelletier.	
	De Bragelongne				1668
		1558		De Pommereau.	
Sous François II...	De Marle.	1586			1678
				De Fourcy.	1684
	Guyot.	1564		Bosc.	1692
Sous Charles IX.	Legendre.	1566		Boucher.	1700
	Marcel.	1570		Bignon.	1708
	Lecharron	1572			
				Trudaine.	1716
	Luillier.	1576		* De Castagné-	
	D'Aubray.	1578		re.	1720
Sous Henri III...	Dethou.	1580		Lambert.	1727
	De Neuilly	1582		Turgot.	1729
	Hector.	1586		Aubery.	1740
			Sous Louis XV...	De Bernage.	
	Boucher.	1590			1743
	Luillier.	1592		De Pont carré.	
	Langlois.	1594			1758
	Danès.	1598		Bignon.	1764
Sous Henri IV...	Guyot.	1600		De la Micho-	
	Bragelongne.			dière.	1772
		1602			
	Miron Fr.	1604		De Caumartin.	
	Sanguin.	1606			1778
			Sous Louis XVI.	Le Pelletier.	
	De Grieu.	1612			1784
Sous Louis XIII..	Miron Rob.	1614		De Flesselles.	
	Bouchet	1616			1785

* Les armoriaux complets de l'Hôtel-de-Ville ne vont que jusqu'en 1716.

SOUS LE GOUVERNEMENT RÉPUBLICAIN.

Maires de Paris.

	élus en		élus en
* Bailly.	1789	Chambon.	1792
Petion.	1791	Pache.	1793

Administrateurs du Département.

	élus en		élus en
Nicoleau.	1795	Joubert.	an 7.
De Memiée.	1797	Lecoulteulx.	an 8.

Préfets.

SOUS L'EMPIRE.

Frochot (le comte), de 1804, à 1812.

SOUS L'EMPIRE ET LA RESTAURATION.

Chabrol de Volvic (le comte), de 1812 à 1830.

SOUS SA MAJESTÉ LOUIS-PHILIPPE Ier (de 1830 à 1833).

Delaborde (le comte), (depuis le 28 juillet 1827, jusqu'au 23 août 1830).
Odillon-Barrot, (du 24 août 1830, au 22 février 1831).
Bondy (le comte de), (du 23 février 1831, au 25 juin 1833).

EN FONCTION EN 1839.

Rambuteau (le comte de), nommé le 22 juin 1833, installé le 26 du même mois.

De Jussieu, secrétaire-général, nommé le 1er janvier 1831.

Conseil de préfecture, composé de cinq membres, qui sont :

MM.
- De la Morélie (le marquis).
- Laffon de la Debat.
- De Maupas (le chevalier).
- Lucas de Montigny.
- Fleury.

---

* Voir les notices sur ces magistrats.

XVIIIe SIÈCLE.   Règne de Louis XVI.

JEAN SYLVAIN BAILLY.

Maire de Paris.

Conseil général faisant les fonctions de Conseil municipal de Paris.

1er arrondiss.
- HERARD.
- LAFAULOTTE.
- MARCELLOT aîné.

2me arrondiss.
- GANNERON.
- LAFFITTE (Jacques).
- THAYER (Édouard).

3me arrondiss.
- BESSON *.
- LEGENTIL.
- TERNAUX (Mortimer).

4me arrondiss.
- LAHURE.
- LEHON.
- LEGROS.

5me arrondiss.
- FERRON.
- GRILLON.
- SAY (Horace).

6me arrondiss.
- ARAGO.
- AUBÉ.
- HUSSON.

7me arrondiss.
- JOUET aîné.
- MICHAU (David).
- PERIER.

8me arrondiss.
- BOUVATTIER.
- MOREAU (Frédéric).
- PERRET.

9me arrondiss.
- GALIS, député.
- LAMBERT SAINTE-CROIX.
- LANQUETIN.

10me arrondiss.
- BEAU (Alexis)
- DE CAMBACÉRÈS.
- GATTEAUX.

11me arrondiss.
- BOULAY (de la Meurthe), Député.
- LE BEAU.
- ORFILA.

12me arrondiss.
- COCHIN.
- LADVOCAT.
- PRESCHEZ.

arrondiss. de St-Denis.
- BOUCHER.
- RIANT.
- POSSOZ.

13me arrondiss.
- BENOIT.

arrondiss. de Sceaux.
- LEJEMPTEL.
- DARBLAY.
- LIBERT.

14me
- TRÉVISE (le duc de).

Sous-Préfets.
De St-Denis, M. MÉCHIN (Lucien).
De Sceaux, M. MAISON (Eugène).

Maires et Adjoints de la ville de Paris.

1er arrondiss.
- MARCELLOT, Maire.
- GABILLOT, 1er adjoint.
- COTTENET, 2e id.

2me arrondiss.
- BERGER, Maire.
- CHATELET, 1er adjoint.
- DAILLY, 2e id.

3me arrondiss.
- DECAN, Maire.
- BOUTRON, 1er adjoint.
- LEROY, 2e id.

4me arrondiss.
- CHAMBRY, Maire.
- MARION, 1er adjoint.
- DUPERRIER, 2e id.

5me arrondiss.
- D'HUBERT, Maire.
- SOCCARD MAGNIER, 1er adj
- WÉE, 2e id.

6me arrondiss.
- COTELLE, dép., Maire.
- ROBILLARD, 1er adjoint.
- GRONDARD, 2e id.

7me arrondiss.
- MOREAU, dép., Maire.
- LEVILLAIN, 1er adjoint.
- MANSAIS, 2e id.

8me arrondiss.
- GOT, Maire.
- BAYVET, 1er adjoint.
- NAST, 2e id.

9me arrondiss.
- LOCQUET, Maire.
- BEAU, 1er adjoint.
- MOREL D'ARLEUX, 2e id.

10me arrondiss.
- BESSAS-LAMÉGIE, Maire.
- TOURIN, 1er adjoint.
- THERRIET, 2e id.

11me arrondiss.
- DEMONTS, dép., Maire.
- GILLET, 1er adjoint.
- DESGRANGES, 2e id.

12me arrondiss.
- DELANNEAU, Maire.
- BOISSEL, 1er adjoint.
- PELASSY de l'Ousle, 2e id.

Trésorier de la ville de Paris, M. le Maire.

---

* Voir sa notice comme anc'en Secrétaire général.

§ III.

FÊTES ET RÉJOUISSANCES LES PLUS REMARQUABLES

QUI ONT EU LIEU A L'HOTÊL-DE-VILLE,

Depuis le règne de **Henri IV**, jusques et compris le règne de S. M. **Louis-Philippe I**er, roi des Français.

Naissance de Louis XIV.	1638
Mariage de Louis XIV avec Marie-Thérèse d'Autriche.	1660
Entrée de Louis XIV et de la reine, dans Paris	—
Naissance du dauphin, fils de Louis XIV.	1661
— du duc de Bourgogne.	1682
— du duc d'Anjou.	1683
— du duc de Berri.	1686
Mariage du duc de Bourgogne.	1697
Naissance du duc de Bretagne.	1704
— du duc de Bretagne 2e.	1707
— du duc d'Anjou.	1710
— de Louis XV.	1725
— du dauphin, fils de Louis XV.	1729
— du duc d'Anjou.	1730
Fête de la paix.	1739
Mariage de Louise-Élisabeth, fille de Louis XV, avec le duc de Parme.	1739
Mariage du dauphin, fils de Louis XV.	1745
Retour de Louis XV à Paris.	—
Naissance du duc de Bourgogne.	1751
— du duc de Berri, (Louis XVI.).	1754
— du comte de Provence (Louis XVIII).	1755

Naissance du comte d'Artois (Charles X).	1757
Inauguration de la statue de Louis XV	1763
Mariage du dauphin (Louis XVI).	1770
— du comte de Provence (Louis XVIII).	1771
— du comte d'Artois (Charles X).	1773
Naissance de la dauphine, fille de Louis XVI.	1778
— du dauphin, fils de Louis XVI.	1781
Publication de la paix avec l'Angleterre	1783
Naissance du duc de Normandie (dauphin).	1785
Fêtes pour la constitution acceptée par Louis XVI.	1791
— à l'Être suprême.	1794
— de la paix générale.	1801
Sacre et couronnement de l'empereur Napoléon (16 déc.)	1804
Mariage de Napoléon avec Marie-Louise d'Autriche.	1810
Naissance du roi de Rome, 20 mars.	1811
Entrée de Louis XVIII à Paris.	1814
Mariage du duc de Berri avec Marie-Caroline-Ferdinande-Louise, duchesse des Deux Siciles.	1816
Naissance du duc de Bordeaux.	1820
Baptême du duc de Bordeaux	1821
Retour du duc d'Angoulême, de la guerre d'Espagne.	1823
Sacre et couronnement de Charles X (8 juin).	1825
Anniversaire de juillet.	1833
Mariage de S. A. R. Mgr le duc d'Orléans (11 juin).	1837

Nous donnons à la suite de cette notice, quelques descriptions des fêtes les plus remarquables, ne pouvant nous étendre sur toutes celles qui se passèrent à l'Hôtel-de-Ville, et pour lesquelles il faudrait plusieurs volumes.

FÊTE DONNÉE PAR LA VILLE DE PARIS,

le 25 frimaire an 13 (16 déc. 1804),

A L'OCCASION DU SACRE ET COURONNEMENT

DE LL. MM. IMPÉRIALES ET ROYALES.

Voici les dispositions générales et le détail des décorations :
M. Molinos, architecte du département, auquel on doit le dessin général de la fête, avait élevé dans la place de Grève deux édifices en charpente, destinés à prolonger l'ordre d'architecture du bâtiment et à former deux ailes nouvelles ; l'une en face de la Seine, et l'autre faisant face à l'Hôtel-de-Ville. Le dessin de cet édifice était absolument semblable à celui du bâtiment principal, avec cette exception, que les ornemens et les accessoires en étaient peut-être d'un goût plus moderne. L'intérieur de l'hôtel avait pris une face toute nouvelle ; on n'y pénétrait plus que par de belles galeries fraîchement ornées, dans de vastes vestibules, et de magnifiques salles décorées avec le luxe le plus recherché.

La salle du Trône offrait le plus beau coup-d'œil : elle formait un immense carré long, à l'extrémité duquel s'élevait un trône placé sous un dais. A la gauche, se trouvait le fauteuil de l'impératrice ; sur une des marches du trône était un guéridon sur lequel était placé un volume figuré, avec ces mots : CODE NAPOLÉON, emblème ingénieux, et l'un des titres les plus puissans de l'Empereur, à la reconnaissance des Français, et particulièrement à celle des nombreuses familles qui allaient se réunir au pied du trône. Toute cette salle était drapée, avec autant de richesse que d'élégance. Tous les panneaux, garnis de glaces de la plus haute dimension, réfléchissaient une illumination brillante, dont un lustre énorme, élégant, malgré la richesse et le poids de ses cristaux, attirait et multipliait l'éclat.

La salle destinée au festin offert à LL. MM., était nommée la salle des Victoires, et la nature de ses décorations, des attributs, des tableaux et des inscriptions dont elle était chargée, justifiait moins encore cette dénomination, que le nom des personnages appelés à prendre place sous les yeux de l'empereur.

Sur la porte on lisait : *Fasti Napoleoni*, et de distance en distance, séparées par des trophées militaires et des figures armées, des inscriptions latines qu'il serait trop long de rapporter ici, rappelaient toutes les actions glorieuses de S. M., jusqu'à son avénement au trône.

Les autres salles de banquet offraient également des décorations analogues à l'objet de la fête; celle des tableaux avait pour décoration naturelle, les belles productions des arts dont elle était enrichie.

Dans les appartemens, les regards s'attachaient surtout sur deux bustes de l'empereur et de l'impératrice, à la ressemblance desquels on ne pouvait rien ajouter.

La toilette et le service offerts, par la ville de Paris, à LL. MM. II., chefs-d'œuvre de ciselure, dont la matière, toute précieuse qu'elle était, cédait encore au mérite du dessinateur et de l'artiste, étaient placés dans un cabinet particulier.

Des invitations de deux sortes avaient été adressées au nom de la ville de Paris. L'une, comprenait la journée entière et la cérémonie que devait occuper la réception de LL. MM.; l'autre, le bal qui devait suivre cette cérémonie. Les avenues étaient libres, faciles, et l'ordre le plus parfait établi.

Vers midi, l'assemblée a commencé à se former dans la salle du Trône. Chaque personne invitée était reçue au haut de l'escalier par un des maîtres des cérémonies, introduite dans le vestibule, annoncée, et admise dans la salle : une partie des fonctionnaires publics étaient revêtus de leur costume; les autres, ainsi que tous les hommes invités, portaient l'habit français et l'épée. Les femmes étaient toutes mises avec cette décence qui embellit les graces, cet éclat qui ne se sépare pas de l'élégance, et la richesse qui appartenait à une telle circonstance et à une telle réunion. Elles portaient toutes de belles étoffes françaises la plupart magnifiquement brodées ; le costume le plus général se rapprochait beaucoup de celui des deux Médicis.

Vers une heure, l'assemblée complétée se trouvait composée de ce que Paris renfermait de familles distinguées dans les sciences, les lettres, les arts et le commerce, de fonctionnaires publics et des chefs de toutes les parties de l'administration de Paris, d'une partie des fonctionnaires civils et militaires des départemens appelés à la fête du couronnement, des maires des 36 principales villes de l'Empire, d'une partie des députés, des gardes nationales et des gardes d'honneur qui se trouvaient encore dans la capitale.

A une heure, les dames ont été conduites dans la salle du déjeûner; elles étaient au nombre de six cents, et seules assises; les honneurs de ce banquet étaient faits par MM. du corps municipal, et par les hommes invités qui pouvaient circuler derrière les dames, les servir, et prendre ensuite les places qu'elles avaient quittées ou se réunir à des buffets préparés dans d'autres salles.

Pendant ce déjeûner, M. le maréchal gouverneur de Paris est arrivé : il a été reçu au bas du grand escalier par MM. les membres du corps municipal.

Bientôt après, convoqué à haute voix, le conseil municipal s'est formé dans une salle voisine de celle du banquet, et s'est mis en marche pour aller au devant de LL. MM., ayant à sa tête M. le maréchal gouverneur de Paris, M. le préfet du département, M. le préfet de police, et les secrétaires-généraux de l'une et de l'autre préfecture.

Ce cortége s'est rendu à pied jusqu'à la descente du Pont-Neuf où il a attendu LL. MM. A l'arrivée de leur voiture, M. le maréchal gouverneur a pris les ordres de l'empereur, et le corps municipal s'est remis en marche, et s'est trouvé sur le perron de l'Hôtel-de-Ville pour recevoir LL. MM. au moment où elles sont descendues.

L'assemblée était depuis peu d'instans rentrée et réunie dans la salle du Trône, lorsque les décharges d'artillerie, et les cris

Vive l'Empereur! qui s'élançaient de toutes les parties de la place, annoncèrent l'arrivée de LL. MM. Bientôt, en effet, elles ont paru, précédées des personnes de leurs familles, des grands dignitaires, des ministres, des grands-officiers de l'empire, de ceux de la couronne, et du cortége qui avait été à leur rencontre.

L'assemblée était debout, les acclamations les plus vives faisaient retentir la salle, lorsque LL. MM. prirent leurs places, et, sur les degrés du trône, les princes et les dignitaires, tous revêtus de leur grand costume de cérémonie.

M. le maréchal gouverneur a pris alors les ordres de l'empereur, et M. le conseiller d'état, préfet du département de la Seine, a adressé à LL. MM. un discours dans lequel, après avoir rappelé à l'empereur que dans ce même lieu où nos pères avaient autrefois témoigné leur attachement aux chefs de la nation, et qui naguères, abandonné à la destruction, sortait en quelque sorte de ses ruines, pour célébrer ce jour de lustration, il lui dit qu'il venait déposer à ses pieds les témoignages les plus sincères et les moins équivoques de l'attachement des magistrats et des habitans de la capitale, pour sa personne sacrée, et il adressa les hommages de la reconnaissance, du respect et de l'admiration, à S. M. l'impératrice, pour ses vertus, et finit par féliciter la France de voir assises sur un même trône, les vertus qui font respecter le pouvoir et les graces qui le font aimer.

Ce discours a été suivi des applaudissemens réitérés de toute l'assemblée.

L'empereur a prononcé d'une voix, que l'émotion et la sensibilité paraissaient avoir altérée, mais d'un ton paternel, et avec la plus touchante expression, une courte réponse dont voici le sens :

« Messieurs du corps municipal, je suis venu au milieu de vous pour donner à ma bonne ville de Paris l'assurance de ma protection spéciale; dans toutes les circonstances je me ferai un devoir de lui donner des preuves particulières de ma bienveillance; car je veux que vous sachiez que dans les batailles, dans les plus grands périls, sur les mers, au milieu des déserts même, j'ai eu toujours en vue l'opinion de cette grande capitale de l'Europe, après toutefois le suffrage tout-puissant sur mon cœur de la postérité. »

Sa Majesté avait à peine fini de parler, que les acclamations les plus vives ont éclaté à la fois de toutes parts, et que les signes unanimes de l'allégresse ont retenti jusque dans la place, et y ont été répondus. C'est alors que les médailles frappées en mémoire de la fête ont été présentées à LL. MM. par M. le maréchal gouverneur.

LL. MM. étant descendues du trône, se sont rendues chacune dans leur appartement, en traversant la salle au milieu des cris *Vive l'Empereur! vive l'Impératrice!* Un instant après, S. M. l'impératrice est passée dans l'appartement de l'empereur, où M. le maréchal gouverneur a fait à LL. MM. les présentations du corps municipal dans l'ordre suivant :

1° MM. les conseillers d'état, préfets du département et de police; MM. les secrétaires généraux des deux préfectures; MM. les membres du conseil de préfecture, et MM. les deux sous-préfets de Saint-Denis et de Sceaux.

2° MM. les maires et adjoints des douze arrondissemens de Paris.

3° MM. les membres du conseil général municipal; M. le receveur-général de la ville, et M. le médecin du département et des prisons.

4° MM. du conseil général d'administration de la commission du comité consultatif des hôpitaux, et MM. les administrateurs et directeurs du Mont-de-Piété.

5° MM. de la chambre du commerce.

6° MM. le directeur, les commissaires-répartiteurs, le receveur général, les receveurs particuliers, percepteurs des contributions et les régisseurs de l'octroi.

7° MM. du bureau d'administration et proviseurs des lycées de Paris.

8° MM. les colonels de la garde nationale de Paris.

Au moment de la présentation du conseil municipal, M. le président a aussi adressé un discours à Leurs Majestés.

Sa Majesté a accueilli les fonctionnaires qui lui étaient présentés avec la plus touchante bienveillance, et elle l'a portée jusqu'à annoncer elle-même à M. Méjean, secrétaire général de la préfecture, qu'elle avait donné l'ordre que l'Aigle de la Légion-d'Honneur lui fût remise. La même faveur a été accordée à M. Rouillé de l'Étang, doyen du conseil général, et à M. Champagne, proviseur du lycée impérial de Paris.

Sa Majesté a daigné de plus annoncer à MM. les maires de Paris qu'elle était très-satisfaite de leur administration depuis quatre années, et qu'elle ne croyait pouvoir leur en donner un témoignage plus authentique et plus flatteur, qu'en leur annonçant qu'elle nommait au sénat M. Bévière, actuellement doyen des maires de la ville.

C'est à ce moment que les nefs du service de vermeil offert par la ville de Paris à LL. MM. leur ont été présentés.

Leurs Majestés ayant été informées qu'elles étaient servies, ont alors passé dans la salle des Victoires, en traversant par celle du Trône, la haie formée par les membres du corps municipal et les dames invitées.

La table qui leur était destinée était élevée sur une estrade et placée sous un dais.

Les grands-officiers de la couronne occupaient la place qui leur est assignée en raison de leurs fonctions : les pages servaient.

Une seconde table était placée dans la même salle sous les

yeux de LL. MM. Elle était occupée par les personnes de la famille impériale et les grands dignitaires.

Une troisième table, placée parallèlement à la seconde, était occupée par les ministres, les grands-officiers de l'empire, maréchaux, colonels et inspecteurs généraux; M. François (de Neufchâteau), président du sénat; M. Defermont, le plus ancien président de section du conseil d'état; M. Fontanes, président du corps législatif; M. Fabre (de l'Aude), président du tribunat.

Dans une salle voisine, était une autre table occupée par les dames du palais, les chambellans, maîtres des cérémonies et autres officiers du palais.

Pendant le dîner, et sans interruption, l'assemblée a été admise à défiler dans la salle, en entrant par l'extrémité voisine de la table de LL. MM. et ressortant par l'autre extrémité pour se rendre dans la salle du Trône.

Un orchestre était placé dans le vestibule faisant face à LL. MM. Cet orchestre a exécuté, sous la direction de M. Plantade, membre du conservatoire, une symphonie d'Haydn, et un chœur, dont les paroles étaient de M. Propiac, archiviste du département de la Seine, et la musique de M. Plantade.

Après le dîner LL. MM. et leur suite sont descendues dans le salon élevé sur la place de l'Hôtel-de-Ville en face du quai; là ont été admises la presque totalité des femmes invitées, et beaucoup d'hommes y ont aussi trouvé place.

C'est au milieu même de ce concours que LL. MM. se sont assises pour voir le feu d'artifice.

L'orchestre établi dans la place en avant de ce salon, et composé d'un nombre immense de musiciens, s'est fait entendre en ce moment : on y a chanté des strophes.

Ensuite, l'empereur a mis le feu au dragon qui, traversant la place avec la rapidité de l'éclair, est allé de l'autre côté de la rivière communiquer l'étincelle à l'artifice.

Là, d'immenses préparatifs avaient été faits; un vaste amas

de charpentes couvertes de toiles peintes, et placées les unes sur les autres, donnait une idée du Mont Saint-Bernard*, de ses sommets élevés, de ses affreux précipices, de ses routes difficiles et glacées.

On croyait voir un volcan vomissant des flammes au milieu d'une montagne de glace. Au moment du bouquet, l'effigie de l'empereur a paru éclatante de lumière. Il était à cheval, franchissant le sommet escarpé du mont. Au même instant des flammes du Bengale éclairaient un vaisseau, emblême de la ville de Paris, qu'un artifice brillant dessinait régulièrement avec tous ses agrès. L'effet de ce feu a été aussi beau que le dessin en était heureusement conçu.

Leurs Majestés rentrèrent, et après avoir plusieurs fois parcouru les diverses salles occupées par l'assemblée, rentrée dans celle du Trône, elles ont permis que le bal s'ouvrit en leur présence.

Les acclamations de l'assemblée et le bruit de l'artillerie ont annoncé le départ de Leurs Majestés. Elles ont été reconduites jusqu'au-delà de la porte extérieure de l'Hôtel-de Ville par M. le maréchal gouverneur et par le corps municipal. Il était plus de neuf heures.

---

* M. Maingot, architecte inspecteur, avait été chargé par M. Frochot des dessins du feu d'artifices figurant le Mont Saint-Bernard, au Sacre Napoléon. Il a aussi exécuté de nombreuses constructions dans l'Hôtel-de-Ville, sous les ordres de M. Molinos; ainsi que divers travaux, dans les fêtes qui eurent lieu depuis lors jusqu'à cette époque.

FÊTE DONNÉE PAR LA VILLE DE PARIS,

A L'OCCASION DU MARIAGE

DE SA MAJESTÉ NAPOLÉON,

Empereur des Français et roi d'Italie

AVEC

MARIE-LOUISE, ARCHIDUCHESSE D'AUTRICHE.

(2 avril 1810.)

Il était juste que la capitale de l'empire ne fît pas moins pour ses souverains que les provinces qu'ils venaient de parcourir, et où leur passage n'avait été qu'une suite non interrompue de fêtes et de réjouissances.

Quatre mille personnes furent invitées pour le bal de l'Hôtel-de-Ville.

Le salon principal, qui avait été construit dans la grande cour, était richement décoré : le chiffre et les armes de LL. MM. se voyaient dans tous les ornemens.

La salle dite *des Fastes* était ornée avec autant d'élégance que de goût, et des guirlandes de fleurs soutenaient ou couronnaient les emblêmes ingénieux qu'on y remarquait.

On avait élevé en retour de l'Hôtel-de-Ville une galerie demi-circulaire, à laquelle on communiquait par les appartemens de la préfecture. Elle était composée de vingt-deux colonnes semblables à celles de cet ancien édifice, et figurées en marbre. Des figures allégoriques, placées au-dessus de ces colonnes, représentaient le Commerce, la Victoire, la Science, l'Agriculture, la Navigation, les Arts, l'Étude, la Musique, l'Honneur, l'Industrie.

Ces figures, drapées et ajustées dans le plus grand style, étaient dignes du talent de M. Prud'hon, qui en avait fourni les dessins.

Dans l'entablement était un transparent de la plus grande dimension, peint par le même artiste, représentant une assemblée des Dieux. Au centre de cette vaste composition, aussi noble qu'ingénieuse, l'union de Napoléon et de Louise était figurée par un Hercule et une Minerve qui se juraient fidélité. Toutes les divinités prenaient part à cet hymen, que les muses célébraient, et auquel les graces et les amours assistaient en dansant.

Le mérite de l'exécution et celui des idées avaient également rendu ce tableau remarquable.

Aux deux extrémités du transparent étaient placés deux groupes, dont l'un représentait la Victoire offrant l'olivier de la paix aux nations vaincues, et l'autre, la Renommée, annonçant au monde l'événement qui en devait assurer la tranquillité.

On lisait sur l'entablement cette inscription, tirée de la cantate composée par M. Arnault, membre de l'Institut, pour la fête du 2 avril :

EN JURANT LEUR BONHEUR,
DEUX ILLUSTRES ÉPOUX ONT JURÉ CELUI DE LA TERRE.

Depuis le Louvre jusqu'à la Ville, on avait fait établir, sur des piédestaux, de grands trépieds antiques, surmontés de pots à feu qui répandaient une vive lumière tout le long des quais que LL. MM. ont parcourus.

Le cortége impérial s'est rendu à l'Hôtel-de-Ville, entre neuf heures et demie et dix heures ; un aérostat garni d'artifice avait annoncé son approche.

LL. MM., après avoir traversé l'appartement qui leur était destiné, et la salle du Trône, où se trouvaient un grand nombre de princes, de dignitaires et de dames, se rendirent au centre de cet hémicycle dont nous venons de parler, pour y jouir de la vue du feu, auquel elles-mêmes donnèrent le signal en allumant une pièce d'artifice.

FEU D'ARTIFICE DE LA VILLE,

Par M. Molinos, architecte.

La première partie du feu présentait l'attaque de deux forts. L'effet des bombes, des boulets et de la mousqueterie, furent imités avec beaucoup d'art. Pendant l'attaque, le vaisseau, symbole de l'antique Lutèce, descendit la Seine, brillant d'illuminations de couleurs, et se plaçant entre deux colonnes également illuminées, vint compléter ce tableau magnifique.

Le temple de la Paix formait le second tableau ; la beauté de ses formes architecturales a été remarquée au milieu de l'éclat des feux qui en jaillissaient.

Des feux non moins nourris, non moins magiques, précédèrent l'apparition du temple de l'Hymen. La girande (ou bouquet) qui avait couronné chaque scène fut effacée par la beauté de celle qui termina ce feu, l'un des plus beaux et des plus considérables qu'on ait encore vus. Cette girande, en retombant, laissa voir le temple de l'Hymen illuminé en verres de couleurs, illumination qui dura la plus grande partie de la nuit.

Une musique tantôt vive et guerrière, tantôt douce et harmonieuse, ajouta, par la beauté de son exécution, à l'effet de ces scènes pyrotechniques.

On doit à M. Molinos, architecte de la ville (décédé), le dessin de toutes les décorations architecturales qui ont servi à l'embellissement de cette fête.

Le feu terminé, LL. MM. rentrèrent dans les salles de la préfecture, où l'on exécuta une cantate, dont les paroles étaient de M. Arnault et la musique de M. Méhul. Le bal s'ouvrit immédiatement, et S. M. l'impératrice ne dédaigna pas d'y prendre part.

FÊTE DONNÉE PAR LA VILLE DE PARIS

AU DUC D'ANGOULÊME,

A SON RETOUR DE L'ESPAGNE

(Décembre 1823.)

Réception des Princes. —Banquet royal. — Intermède et bal.

S. M. ayant consenti que LL. AA. RR. les princes et princesses de la famille royale et du sang vinssent honorer de leur présence les fêtes municipales, et dîner à l'Hôtel-de-Ville, au milieu des habitans de la capitale, les dispositions suivantes furent arrêtées, tant pour la réception de LL. AA., que pour régler l'ordre des différentes parties de la fête intérieure de l'Hôtel-de-Ville.

A l'arrivée de LL. AA. RR. à l'Hôtel-de-Ville, sur le perron extérieur, elles furent reçues par le corps municipal ayant à sa tête MM. les préfets du département et de police.

Les douze dames nommées par le roi pour accompagner S. A. R. Madame et S. A. R. Mme la duchesse de Berri, se trouvèrent également au perron de l'Hôtel-de-Ville.

LL. AA. furent conduites, par le grand escalier, dans la salle du Trône, où, après avoir pris place, elles ont été complimentées par le préfet de la Seine au nom de la Ville de Paris.

Lorsqu'on eut annoncé à LL. AA. qu'elles étaient servies, elles furent priées de passer dans la salle où était dressée la table du banquet royal.

Cette table était composée de cinquante couverts, non compris celui de Sa Majesté.

Douze dames de la ville, également nommées par le roi, eurent l'honneur de s'asseoir au banquet royal, conjointement avec les trente dames de la cour désignées par Sa Majesté.

Conformément aux anciens usages, le corps municipal servit LL. AA. RR.

M. le curé de Saint-Gervais, paroisse de l'Hôtel-de-Ville, remplissait les fonctions d'aumônier.

Le service du banquet royal fut fait par la maison du roi.

La musique des gardes-du-corps exécuta des symphonies pendant le dîner royal.

Les douze dames pour accompagner, et MM. les membres du corps municipal qui n'avaient pas de service personnel à faire auprès des princes, étaient placés dans la salle du banquet.

Pendant le banquet royal, il a été servi, dans un salon voisin, une autre table de soixante couverts, pour les ministres, les maréchaux, les grands-officiers de la maison du roi et des princes désignés par S. M.

Deux membres du corps municipal faisaient les honneurs de cette table, dont le service était fait par le maître-d'hôtel et les officiers de bouche de la Ville, et combiné de manière que le dîner commençat après et finit avant celui des princes.

Après le dîner, LL. AA. RR. passèrent avec leur suite dans le salon où le café leur était servi.

De ce salon elles retournèrent dans la salle du Trône, où elles tinrent appartement et où l'on exécuta un intermède dialogué mêlé de chants.

L'intermède achevé, LL. AA. RR. furent priées de passer dans la première salle de danse, dite de la *Cour*, et de permettre que le bal s'ouvrit en leur présence par un premier quadrille dont la composition avait été réglée d'avance.

LL. AA. RR. furent ensuite conduites dans la seconde salle, dite du *Jardin*, où le bal s'ouvrit de la même manière.

Quand LL. AA. RR. jugèrent à propos de se retirer, elles furent reconduites avec le même cérémonial qu'à leur arrivée, par l'escalier neuf, jusque sous la galerie du Saint-Esprit, où elles montèrent en voiture.

Cent ifs étaient placés le long des quais, depuis l'Hôtel-de-

Ville jusqu'au Louvre, pour éclairer le cortége des princes à leur arrivée et à leur départ.

Pendant le séjour des princes à l'Hôtel-de-Ville, les gardes-du-corps du roi et de la garde nationale occupèrent les postes d'honneur de l'intérieur ; immédiatement après le départ de LL. AA., ils furent relevés et remplacés les uns et les autres par la gendarmerie royale du département et de la ville.

La circulation d'une salle à l'autre n'eut lieu qu'après le départ des princes.

Le bal continua toute la nuit dans les différentes salles.

Des maîtres de cérémonies étaient chargés, au nom du corps municipal, de placer les dames et d'offrir à chacune d'elles un bouquet ; ils portaient au bras des écharpes distinctives pour chaque salle.

Tous les hommes invités aux fêtes de l'Hôtel-de-Ville étaient en habit *à la française*, avec épée, excepté les fonctionnaires publics, portant leurs costumes.

FÊTE MILITAIRE INTÉRIEURE.

Dîner à l'Hôtel-de-Ville pour MM. les Officiers-Généraux, Supérieurs et autres de l'armée d'Espagne, de la Marine, et de la Garnison de Paris.

Le septième jour après celui de la réception des princes, le corps municipal offrit un dîner de 300 couverts à MM. les maréchaux de France, officiers-généraux et autres de terre et de mer, employés à l'armée d'Espagne, et à ceux de tous les corps formant la garnison de Paris, Saint-Denis, Courbevoie, Ruel et Vincennes.

Une députation du corps municipal pria S. A. R. le prince généralissime de lui faire l'honneur d'assister à cette réunion.

Les invitations furent faites par le corps municipal d'après les indications que S. Exc. le ministre de la marine, M. le gouverneur des Invalides et M. le lieutenant-général, commandant la première division militaire, furent priés de vouloir bien lui donner.

La table fut dressée dans la salle dite du Jardin.

Il y eut de la musique pendant le repas, et l'on chanta des strophes analogues à la circonstance.

Après le dîner il y eut, dans la salle du Trône, une seconde représentation de l'intermède qui fut joué devant les princes.

La façade de l'Hôtel-de-Ville était illuminée le jour de cette réunion.

FÊTES DE L'HOTEL-DE-VILLE,

le mercredi 8 juin 1823.

EXTRAIT DU PROGRAMME GÉNÉRAL.

Réception de S. M. à l'Hôtel-de-Ville. — Banquet royal. — Concert et Bal.

« 1° Le mercredi 8 juin, jour fixé par le roi pour la fête de la Ville, le corps municipal se réunit à 3 heures à l'Hôtel-de-Ville, pour y attendre Sa Majesté.

2°. A l'arrivée du roi à l'Hôtel-de-Ville, S. M. fut reçue, à dix pas en avant du perron extérieur, par le corps municipal, ayant à sa tête les préfets du département et de police.

3°. Les douze dames de la ville nommées, par le roi pour accompagner LL. AA. RR. Madame la dauphine et MADAME, se trouvèrent également au perron de l'Hôtel-de-Ville.

4°. S. M. fut conduite, par le grand escalier, dans la *salle du Trône*, où, après s'être placée sous le dais, elle fut complimentée par le préfet de la Seine, au nom de la ville de Paris.

5°. Après les complimens, et lorsque l'on eut annoncé au roi que S. M. est servie, elle fut priée de passer dans la *salle d'Angoulême*, où était dressée la table du banquet royal.

6°. Cette table était composée de cinquante couverts, non compris celui de S. M.; douze dames de la ville, également nommées par le roi, eurent l'honneur de prendre séance au banquet royal, conjointement avec les trente dames de la Cour qu'il avait plu à S. M. d'y faire inviter.

7°. Conformément aux anciens usages, le corps municipal usa de la prérogative de servir le roi.

8°. M. le curé de Saint Gervais, comme curé de la paroisse de l'Hôtel-de-Ville, remplit les fonctions d'aumônier.

9°. Les mets de la table du roi furent apprêtés par les officiers de la bouche et du gobelet de S. M. Les plats furent mis sur la table, suivant l'usage, par le maître-d'hôtel de la ville, assisté des contrôleurs et maîtres-d'hôtel de la maison du roi.

10°. Pendant le banquet royal, on exécuta différens morceaux de musique et une cantate.

11°. Dans le pourtour de la salle du banquet royal étaient placés plusieurs rangs de gradins, qui furent exclusivement occupés par les dames, les hommes devant se tenir debout derrière.

12°. Pendant le banquet royal, il fut servi, dans la salle dite de *Saint-Jean*, une autre table de 60 couverts pour MM. les ministres, maréchaux de France, grands officiers de la couronne, de la maison du roi et des princes, qui avaient été désignés par S. M. Deux membres du corps municipal firent les honneurs de cette table, dont le service fut fait par les officiers de la bouche de la Ville, et combiné de manière que ce dîner commence après et finisse avant celui de S. M.

13°. En se levant de table, S. M. a été conduite dans le salon de Charles X où le café fut servi.

14°. Après le café, le roi fut prié de revenir dans la *salle du Trône* pour entendre le concert.

15°. Le concert achevé, S. M. fut priée de passer dans la première salle de danse, élevée sur la cour, et de permettre que le bal s'ouvre en sa présence, par un premier quadrille dont la composition avait été soumise d'avance à S. M.

16°. S. M. fut conduite ensuite dans la seconde salle, dite *d'Angoulême*, où le bal s'ouvrit de la même manière.

17°. Avant de quitter l'Hôtel-de-Ville, S. M. a été priée de vouloir bien parcourir les trois grandes salles du rez-de-chaussée préparées pour le souper des personnes invitées; savoir: la *salle de Louis XIV*, celles des *Colonnes* et de *Saint-Jean*.

18°. Des ifs étaient placés le long des quais, depuis l'Hôtel-de-Ville jusqu'au Louvre, pour éclairer le passage de S. M.

19°. Pendant la présence de S. M. à l'Hôtel-de-Ville, les gardes-du-corps du roi et la garde nationale occupèrent les postes d'honneur de l'intérieur des salles; immédiatement après le départ du roi, ils furent relevés et remplacés les uns et les autres par la gendarmerie royale.

20°. La circulation d'une salle à l'autre ne fut permise qu'après le départ du roi.

21°. Le bal continua toute la nuit dans les différentes salles.

22°. Des maîtres de cérémonies étaient chargés au nom du corps de ville, de recevoir et placer les dames et les personnes invitées, et de veiller au maintien de l'ordre. Ils portaient des brassards distinctifs pour chaque salle.

FÊTE DONNÉE PAR LA VILLE DE PARIS,

le 29 juillet 1833.

La fête donnée à l'Hôtel-de-Ville, le 29 juillet 1833, à l'occasion de l'anniversaire des 3 journées, a égalé en éclat les plus brillantes dont on ait conservé le souvenir. A six heures les personnes invitées au banquet étaient réunies dans les grands appartemens : MM. les ministres qui étaient à Paris, M. le maréchal de Lobau, le général Jacqueminot, plusieurs membres de la chambre des pairs, de celle des députés, et plusieurs officiers-généraux, tout le corps municipal, tous les colonels de la garde nationale de Paris et de la banlieue, les colonels des régimens de la ligne en garnison à Paris, enfin les seize couples dotés cette année là par la ville. A six heures et demie on a passé dans la salle du Trône, où était splendidement dressée une table de 200 couverts. Un excellent orchestre a exécuté divers morceaux pendant la durée du repas. Au dessert, M. le préfet, président du banquet, a porté un toast *au roi et au glorieux anniversaire du 29 juillet.* Au même instant, les pièces d'artillerie placées à la tête du pont d'Arcole ont tiré la salve du soir, et le bruit du canon est venu se mêler aux cris de *vive le Roi!* et au chant de *la Parisienne* exécuté par l'orchestre. Un second toast, porté par M. le garde des sceaux *à la France et à la ville de Paris*, a été également accueilli avec un vif enthousiasme.

En sortant de table, on s'est répandu dans les salles de bal, qui déjà se trouvaient peuplées d'un grand nombre de femmes élégamment parées. Un plancher, construit au premier étage, sur la cour de l'Hôtel-de-Ville, avait transformé cette cour en un jardin rempli de fleurs et d'arbustes, et illuminé en verres de couleurs, au milieu duquel un bassin et un jet d'eau en gerbe répandaient une douce fraîcheur, et produisaient un effet charmant. Ce jardin établissait, entre toutes les salles qui l'entouraient une communication agréable et facile, à tel point que, dans cette réunion de près de cinq mille personnes, il n'y a pas eu un moment de confusion et d'embarras. On dansait dans la grande salle cintrée, qui était richement décorée et illuminée. En un moment la vaste salle du Trône, où avait eu lieu le banquet, a été transformée en une vaste salle de bal. Tous les autres salons étaient livrés à une circulation on ne peut plus gaie et animée. Trente-six commissaires, appartenant à la garde nationale et portant un brassard qui les distinguait, faisaient les honneurs, et offraient à chaque dame un bouquet à son arrivée.

A neuf heures et demie, les acclamations qui ont retenti au dehors ont annoncé l'arrivée du roi et de la famille royale. M. le préfet, à la tête du corps municipal, est descendu pour recevoir LL. MM. au pied du grand escalier. Huit dames désignées pour accompagner la reine, s'y sont également rendues. LL. MM. sont entrées d'abord dans le grand salon où elles ont reçu les hommages des ministres et des membres du corps diplomatique, parmi lesquels on remarquait M. le chargé d'affaires de la Grande-Bretagne qui remplaçait lord Granville absent, M. le ministre de Belgique, MM. le ministre de Danemark, de Grèce, etc. En entrant dans la grande salle de bal, où étaient disposés une estrade, un trône et des fauteuils, LL. MM. ont été accueillies par des acclamations telles, que le roi n'a pu résister au besoin de manifester son émotion par quelques mots que nous n'avons pu entendre, et par un geste si expressif qu'il était impossible de ne pas le comprendre et de ne pas en être profondément pénétré.

Des quadrilles ont été formés, où deux des jeunes mariées dotées par la ville ont été admises à figurer avec les princes et avec S. A. R. la princesse Clémentine. Les jeunes époux dotés l'année précédente par le roi et par la ville de Paris, étaient également invitées à ce bal.

LL. MM. ne se sont retirées qu'à minuit et demi, après avoir parcouru tous les appartemens, donné partout des témoignages de bienveillance gracieuse, et partout recueilli des expressions de reconnaissance et de dévouement.

A une heure, les dames ont été invitées à descendre dans la salle des Colonnes et dans la salle Saint-Jean, où étaient préparées des tables servies avec abondance et avec goût ; en un moment, on y a vu environ mille femmes assises, et offrant un des tableaux les plus ravissans et les plus pittoresques qu'on puisse imaginer. Ce service a été renouvelé deux fois ; puis est venu le tour des hommes qui, s'ils n'offraient pas un spectacle aussi gracieux et aussi élégant, en présentaient du moins un très-joyeux et très-animé. Les danses ont continué après le souper, et se sont prolongées jusqu'à près de six heures du matin.

FÊTE DU MARIAGE

DE

S. A. R. MONSEIGNEUR LE DUC D'ORLÉANS,

Dans le mois de juin 1837.

Tous les journaux, ont parlé de la fête de l'Hôtel-de-Ville, donnée à l'occasion du mariage de S. A. R. Mgr le duc d'Orléans, quelques-uns ont dit qu'il y avait luxe, qu'il y avait profusion de fleurs, qui avaient été fournies par Mme Copin, et dont la somme avait été de 30,000 fr. pour les deux fêtes de la Ville et de l'Opéra. La fourniture des fleurs, pour le bal de l'Hôtel-de-Ville, avait été confiée à MM. Charrere et Belloir, célèbres entrepreneurs-ordonnateurs de fêtes publiques, ces deux personnes s'unirent à Mme Augustine Copin, l'une de nos premières fleuristes; tous les journaux ont parlé avec enthousiasme, avec admiration, de cette munificence de fleurs, que jamais, dans aucune fête, on n'avait vue développée avec autant de luxe. Et malgré l'étendue de l'Hôtel-de-Ville et les nombreuses salles ou salons qui devaient être ornés et décorés de fleurs, il est impossible de remplir avec plus de goût, d'art, d'intelligence, de variété, de richesse, et nous dirons même de magie, le programme pour la décoration et l'ornement de cette fête; les cours, les escaliers, les vestibules et toutes les salles, étaient décorés, de plates-bandes de corbeilles, de jardinières, de caisse, etc.

« Chaque salle offrait son caractère, sa spécialité, ou sa fa-
» mille et ses parfums, et plus d'une fois, nous avons surpris
» involontairement, mais nous pouvons le dire sans indiscré-
» tion, nous avons entendu des rendez-vous donnés dans la salle
» des azalées, beaucoup dans celle des roses, quelques-uns
» dans celle des myrtes, pendant qu'à peu de distance nous
» avons vu quelques vieux témoins d'une gloire passée, mais
» impérissable, se tenir près d'un beau mimosa de Sainte-
» Hélène, qui dominait un admirable massif de lauriers *; »
voilà ce que plus de six mille personnes ont vu et admiré; il y avait à cette fête 10,340 plantes et 1,453 plantes en caisse qui donnent un total de 22,793 fleurs, outre 2,500 bouquets qui ont été offerts aux dames, à leur arrivée à l'Hôtel-de-Ville **.

---

* Notice sur les fêtes de la Ville et de l'Opéra, par M. le Vte Héricart de Thury.

** M. Visconti, architecte distingué dont on sait apprécier les talens, a dirigé plusieurs fêtes de la Ville.

ÉDIFICES RELIGIEUX

ET AUTRES,

SITUÉS DANS L'HÔTEL-DE-VILLE.

CHAPITRE II.

NOTICE SUR L'HOPITAL DU SAINT-ESPRIT.

Tous les historiens fixent la fondation de l'hôpital du Saint-Esprit en 1362, l'église en 1406[*]; quelques personnes charitables, touchées de voir plusieurs orphelins mourans de faim dans les rues de Paris, achetèrent une maison et une grange à la place de Grève; dans la même année, Jean de Meulent, évêque de Paris, permit la construction,

---

[*] L'abbé Lebeuf est le seul qui dise, sur la foi d'un pouillé de l'ordre du Saint-Esprit, imprimé au commencement du 17me siècle, que l'hôpital du Saint-Esprit, existait en 1228, et que, de son temps, il restait une tradition, selon laquelle, cet hôpital avait été établi au haut de la rue Geoffroy-l'Asnier; mais il ajoute que peut-être il y a eu deux hôpitaux du même nom.

sur cet emplacement, d'un hôpital, et l'érection d'une confrérie qui devait fournir aux frais de l'établissement. Le pape Urbain V ne tarda pas à l'approuver, et la bulle fut confirmée par deux autres papes, Grégoire XI et Clément VII. On bâtit la chapelle en 1406; elle fut bénite le 4 août 1415 et dédiée le 15 juillet 1503.

C'est encore dans cette église, le 8 septembre 1413, que fut fondée une confrérie de Notre-Dame-de-Liesse. Le roi Charles VI et Isabelle de Bavière, sa femme, en furent les principaux bienfaiteurs; et c'est la cause pour laquelle on voyait leurs portraits peints sur les vitraux auprès du maître autel.

Cet hôpital était destiné aux orphelins des deux sexes, nés à Paris, en légitime mariage, et dont les pères et mères étaient décédés à l'Hôtel-Dieu; on y recevait ces enfans jusqu'à l'âge de neuf ans. Ils donnaient en y entrant une somme de 150 liv., qui leur était rendue lorsqu'ils en sortaient pour apprendre un métier.

L'administration de cet hôpital fut réunie à celle de l'hôpital général, par lettres-patentes du 23 mai 1679, enregistrées le 18 avril de l'année suivante.

CURIOSITÉS.

Dans l'église de cet hospice étaient quatre tableaux.

Un saint Sébastien, par l'Epicier; sainte Geneviève, saint Éloi, saint Nicolas, par Eysen.

La classe des garçons était ornée d'un tableau représentant la Vierge protégeant des enfans bleus.

§ II.

NOTICE SUR L'ÉGLISE SAINT-JEAN-EN-GRÈVE *.

Cette église n'était originairement que la chapelle baptismale de Saint-Gervais; elle devint paroissiale, comme tant d'autres, par l'augmentation

---

* Près l'église se trouvait et existe encore, la tour du Pet-au-Diable, appelée autrefois hôtel du Pet-au-Diable; cette demeure avait aussi plusieurs autres noms, Synagogue, le Martelet Saint-Jéhan, le Vieux Temple, et enfin l'hôtel du Pet-au-Diable, qui avait appartenu à un nommé Petau, qui était si méchant, qu'on le surnomma Diable, et le nom resta à la rue. Des titres authentiques apprennent que le 18 août 1379, Raoul de Couci, acheta cet hôtel de François Chante-Prime, et l'on y lit « qu'il était situé au Martelet » Saint-Jéhan; » par un autre acte de 1463, il paraît que cet édifice avait appartenu à Jean de Béthisi, ensuite à Jean Lhuillier, il passa ensuite à Jacques de l'Hôpital, seigneur de Sainte-Mesme, et tous les titres du XVme siècle, le nomment l'hôtel de Sainte-Mesme; M. de Torcy en devint propriétaire par son mariage avec Sylva de l'Hôpital; son fils le vendit en 1719, et il fut possédé depuis, par divers particuliers, et en dernier lieu, par M. Pelletier de Saint-Michel, juge au tribunal de première instance de la Seine, qui le loua en 1837 à la ville; cette maison sera démolie, ainsi que plusieurs autres qui sont auprès.

considérable des habitans de la partie septentrionale de la ville, après l'érection de l'enceinte ordonnée par Philippe-Auguste. Pour établir cette nouvelle cure, Pierre de Nemours, évêque de Paris, en 1212*, partagea en deux la paroisse de Saint-Gervais, après avoir obtenu le consentement de l'abbé du Bec-Hellouin et du prieur de Meulent, à qui appartenait la présentation de la cure de Saint-Gervais, et qui n'autorisèrent cette division qu'en se réservant le droit de présenter le nouveau curé.

Il est donc constant que Saint-Jean était un démembrement de la paroisse Saint-Gervais : *Cura sancti Joannis suum sumpsit exordium à curâ sancti Gervasii*, comme le porte l'acte d'érection du mois de janvier 1212. En 1324, le roi Charles IV, fils de Philippe-le-Bel, accorda des lettres-patentes qui permirent de démolir plusieurs maisons voisines pour construire, sur leur emplacement, l'église qui a subsisté jusqu'à la fin du siècle dernier ; c'était un bâtiment gothique d'une assez belle exécution. Les connaisseurs estimaient surtout la tribune de l'or-

---

* Sauval ou ses éditeurs attribuent cette érection à Pierre-Louis ; mais ils se sont évidemment trompés, n'y ayant eu aucun évêque de Paris, ainsi nommé. L'auteur du *Calendrier historique* nomma avec aussi peu de fondement Pierre-Lombart, oubliant que cet évêque était mort 52 ans auparavant.

gue, faite, long-temps après, sous la conduite de Pasquier de Lille, et exécutée par Daily.

Ce monument fut reblanchi et restauré en entier en 1724, et peu de temps après, en 1733, on construisit sur une partie du cimetière* une chapelle qui passait pour un monument d'architecture très-estimable, élevée sur les dessins de François Blondel, qui avait du mérite, mais qu'il ne faut pas confondre avec le célèbre auteur de la porte Saint-Denis.

Dans les processions publiques, le clergé de cette paroisse était accompagné des religieux de Saint-Benoît, dits des Blancs-Manteaux, des Carmes-Billettes, des capucins qui avaient remplacé les Audriettes, et des enfans de l'hôpital du Saint-Esprit. On appelait ces quatre communautés les Fillettes de Saint-Jean.

On y voyait les tableaux suivans :

1° La naissance de saint Jean.

2° Le baptême de Jésus-Christ.

3° La prison de saint Jean.

4° Sa mort.

5° La présentation de sa tête à Hérode.

---

* Lors des fouilles faites pour les constructions de juillet 1837, on trouva un grand nombre d'ossemens humains, une pierre tumulaire portant le nom du président de chambre Séguier, qui pouvait dater de 120 ans.

6° Danse d'Hérodiade, par Coypel.
7° La prédication de saint Jean, par Lucas.
8° Visitation, par Dumesnil.
9° La manne, par Cosin de Sermont.
10° La piscine, par Lamy.

Il était peu d'église, à Paris, qui possédassent un aussi grand nombre de reliques que Saint-Jean-en-Grève*; l'abbé Lebeuf en parle avec beaucoup de détail.

§ III.

NOTICE SUR LE GRAND BUREAU DES PAUVRES.

Il était situé près de cet hôpital (du Saint-Esprit). François Ier, par ses lettres-patentes du 5 novembre 1544, ayant chargé le corps de ville du soin général des pauvres et de l'administration de tout ce qui concerne cette classe souffrante de la

---

* C'est dans la salle Saint-Jean, qui vient d'être démolie pour les nouvelles constructions, que se tenaient les assemblées du grand Sanhédrin des juifs ; ce tribunal suprême avait la même importance que les conciles chez les catholiques, car il pouvait interpréter la loi selon sa volonté, et ceux qui refusaient de se soumettre à ses décisions, étaient regardés comme des rebelles et des excommuniés. Ce tribunal, composé de 71 anciens, est appelé par les rabbins, le fondement de la loi de bouche et la colonne de la doctrine mosaïque.

société, les magistrats le composèrent de treize personnes notables, qu'elles chargèrent de diriger cette opération importante, conjointement avec quatre commissaires nommés par le parlement. Il avait été décidé d'abord, que les directeurs du nouvel établissement tiendraient leurs assemblées dans une salle de l'Hôtel-de-Ville ; mais comme, à cette époque, les bâtimens n'en étaient point encore achevés, les officiers municipaux achetèrent une maison, dans laquelle ce bureau fut établi et s'est maintenu jusqu'au moment de la révolution.

§ IV.

NOTICE SUR LA BIBLIOTHÈQUE DE LA VILLE.

Paris, ce vaste abrégé de l'univers, cet immense dépôt de toutes les richesses de l'art et de la nature, renfermait plusieurs bibliothèques célèbres, et cependant cette ville n'en avait point encore qui lui appartînt en propre. M. Morieau, magistrat zélé, connu par sa probité, son goût pour les sciences et son attention continuelle au bien public, a voulu être encore utile à ses concitoyens après sa mort, arrivée le 20 mai 1759. Étant procureur du roi en la juridiction de cette ville, il avait toujours désiré qu'il y eût, à l'Hôtel-de-Ville, une bibliothèque publique; à l'instar de celle de Lyon. Dirigé par ces intentions généreuses, il s'efforça toute sa vie de faire un grand nombre d'acquisitions de livres en tout genre de littérature, et laissa à la ville de Paris, par son testament, à la charge de la rendre publique, sa bibliothèque, composée de 14,000 volumes imprimés, et de 2,000 manuscrits, dont le plus grand nombre, très-curieux. Le plus rare était le recueil de Godefroy, consistant en 500 cartons, où se trouve un nombre prodigieux de pièces, de mémoires, de lettres originales de papes, de rois, de princes, de ministres, depuis le règne de Philippe-le-Bel jusqu'à celui de Louis XIV, sans compter près de 100 grands cartons remplis de cartes géographiques, d'estampes, de plans de villes; plus de 500 portefeuilles, contenant des pièces fugitives imprimées, sur toutes sortes de matières; et près de 20,000 pièces en parchemin, médailles et jetons. MM. les prévôts des marchands et échevins, sentant combien un pareil établissement, formé sous leurs auspices, était glorieux pour eux et digne de leur amour pour les lettres, s'empressèrent de seconder les vues de M. Morieau; mais ne trouvant pas un local assez grand pour placer cette bibliothèque à l'Hôtel-de-Ville, on la déposa dans l'hôtel de Lamoignon, rue Pavée, au Marais. Il s'agissait d'arranger toutes ces diverses parties, d'en faire le catalogue, de tenir registre des imperfections, en un mot, de mettre ce trésor en état de rendre quelques services au public.

M. de Pontcarré de Viarmes avait prudemment jeté les yeux sur M. Bonamy, pour le charger du soin et de l'arrangement de ce dépôt littéraire. Cet homme modeste qui, par ses travaux scientifiques et la manière brillante dont il avait rempli les diverses fonctions auxquelles il avait été appelé, avait mérité la qualité de pensionnaire de l'Académie royale des Belles-Lettres, et le titre d'historiographe, fut le premier bibliothécaire de la ville de Paris, et nommé, par délibération du bureau de la ville, le 11 septembre 1760.

M. Bonamy employa les dernières années de sa vie à donner à cette collection une forme régulière et commode au public; M. Ameilhon, sous-bibliothécaire, ne cessa de partager ses soins et ses travaux pendant seize ans.

Cette bibliothèque, à laquelle M. Bonamy avait joint deux mille volumes qui composaient son cabinet, quelque précieuse qu'elle fût, n'était encore que la base de celle qui devait un jour devenir digne de la splendeur et de l'étendue de la capitale de la France; de même que Paris, qui, sous son nom de Lutèce, reconnaissait d'abord plusieurs autres villes supérieures à elle ; sans doute, comme elle, la bibliothèque, qui en est une dépendance, prendra les mêmes accroissemens.

Cette bibliothèque fut ouverte au public, pour la première fois, le 13 avril 1763.

M. Bonamy, inspiré par le génie de notre ville, en avait tracé le caractère dans un distique qu'il avait proposé d'inscrire sur la porte d'entrée, et que voici:

> » Corporis immensi dum victum et commoda curat,
> » Hic animis doctas urbs quoque pandit opes.

Il avait fourni une assez longue carrière, sans écart ni lassitude ; ses dernières années ne différaient des premières que par la douce facilité que donne à la vertu une longue et constante habitude. Aussi ferme dans le bien que complaisant dans le commerce de la vie, tendre à l'égard de ses amis, et obligeant envers tous les hommes, tel fut M. Bonamy.

Il ne faut pas qu'on s'imagine qu'un bibliothécaire public ne soit, en raison d'un savant, que ce qu'est, par rapport à un livre, la table des matières; il ne suffit pas pour lui de connaître sa bibliothèque vivante. Sans parler de la bibliographie qui, grace à l'activité infatigable de la presse, devient tous les jours une plus vaste nomenclature, il a besoin d'une érudition assez variée, pour n'être étranger à aucun genre de savoir ; d'une érudition qui embrasse assez de détails pour qu'il soit en état d'indiquer à ceux qui viennent le consulter sur les ouvrages qu'ils entreprennent, les sources où ils peuvent puiser ; d'une sagacité rare pour deviner les énigmes des consultans, et redresser leurs à-peu-près ; d'une politesse, d'une patience à toute épreuve, pour écouter, sans rire, des questions ridicules ; pour aider les savans dans leurs recherches ; pour prêter son savoir aux personnes peu éclairées, et les renvoyer satisfaites : toutes ces qualités se trouvaient réunies dans M. Bonamy. Il mourut, à Paris, le 8 juillet 1770.

M. Ameilhon (Hubert-Pascal), né à Paris le 5 avril 1730, censeur à l'Académie royale des Inscriptions et Belles-Lettres, membre de la Légion-d'Honneur, de l'Institut de France, etc., succéda à M. Bonamy, dans la place d'historiographe et de bibliothécaire de la ville, emploi qu'il occupa jusqu'en 1797, époque à laquelle il fut appelé à celle d'administrateur perpétuel de la bibliothèque de l'Arsenal, où il est décédé le 14 novembre 1811.

De l'hôtel Lamoignon, la bibliothèque de la ville fut transférée dans la maison de Saint-Louis (collége Charlemagne, rue Saint-Antoine). On y joignit les bibliothèques de MM. Gilles Ménage, Charles Guyet et Pierre Daniel, et elle fut ouverte dans ce nouveau local, le 16 juin 1773.

C'est dans cette bibliothèque que M. Ameilhon puisa ses premières connaissances en bibliographie.

Aussi, pénétré de l'utilité immense des bibliothèques, porta-t-il toute son attention et ses soins à la conservation de ces précieux dépôts. Une grande partie des bibliothèques publiques se sont enrichies, par ses soins, des meilleurs ouvrages sur la littérature ancienne, et il veilla à leur conservation avec autant de zèle que de désintéressement. Sa conduite mérite d'autant plus d'éloges que c'était à une époque où, pour défendre la cause des bonnes-lettres, il fallait lutter contre un genre de scytalisme * bien plus barbare que celui dont Diodore de Sicile nous a laissé l'histoire, puisqu'il ne s'agissait de rien moins que d'anéantir en France les sources premières des connaissances humaines, pour ne plus répandre, au détriment de tous les autres genres de littérature, que les productions dégénérées de la seule langue qui ait jamais préconisé ses fureurs.

M. Ameilhon a déployé une partie de ses connaissances bibliographiques, en rectifiant le système de la classification des livres. Ce savant n'attendait pas qu'on vînt l'interroger : il cherchait lui-même à connaître le genre auquel on s'appliquait, et bien souvent il révélait, à l'auteur, des sources inconnues ; on pourrait citer plusieurs ouvrages qui sont le fruit de recherches considérables, et qui sont nés dans les cabinets de la biblio-

---

* Sur ce parallèle, voyez *Diodor. Sicul.*, *Hist. lib. XV*, p. 487, s. 58.

thèque de l'Arsenal ; entre autres, nous indiquerons l'*Histoire de la Diplomatie*, par M. de Flassan.

M. Bouquet, avocat au parlement, a été historiographe et bibliothécaire de la ville, avec M. Ameilhon, depuis 1773 jusqu'en 1784 ; ensuite il y resta seul jusqu'en 1793.

La bibliothèque de la ville doit son origine à la formation des écoles centrales ; lors de la suppression des écoles à Paris, cette bibliothèque, qui avait repris son ancien titre en l'an XIII (*Bibliothèque de la Ville*), fut transportée dans l'hôtel des Vivres, rue Saint-Antoine, n° 110, où elle est restée jusqu'en 1817.

M. Nicoleau fut le créateur de la bibliothèque actuelle de la ville ; mais ce ne fut pas sans beaucoup de peine et de soins qu'il réussit dans son entreprise avec les collaborateurs qu'il s'était adjoints, puisqu'il ne restait pas un seul volume de l'ancienne, et qu'ils furent obligés de faire de grandes recherches dans les dépôts littéraires, pour former de nouveau cette bibliothèque.

On doit aussi à M. Migon (André), qui a été employé à cette bibliothèque pendant 39 ans, le bon ordre qui règne dans cet établissement ; pendant ce laps de temps, il n'a cessé d'y apporter tous ses soins. Chargé, à trois époques différentes, de présider aux translations auxquelles fut sujette cette bibliothèque, on peut aisément se figurer que

— 70 —

de peines et de soins il lui a fallu pour opérer ces déménagemens successifs. M. Nicoleau est mort le 28 mars 1811, et M. Migon * le 2 décembre 1823.

M. Rolle (Nicolas-Pierre), connu par ses recherches sur le culte de Bacchus, les religions de l'antiquité, etc., qui lui assignent un rang distingué parmi les érudits, succéda à M. Nicoleau, le 10 mars 1810. En 1829, M. Hippolyte Rolle fils, a été nommé conservateur de cette bibliothèque.

Ce fut en 1817, sous l'administration éclairée de M. le comte de Chabrol, et grace à ses soins, que la bibliothèque revint à l'Hôtel-de-Ville **. En 1835, elle a été provisoirement transférée dans un local dit : *la maison Léger,* près le pont d'Aus-

---

* On a de ce dernier, 1° un livre intitulé : *Aux mânes de Louis XVI et de Marie-Antoinette,* in-18, Paris, 1816 ; 2° *Description du département de l'Oise,* 4 vol. in-8 ; manuscrit acquis par M. Jacob, imprimeur à Versailles ; 3° *Abrégé historique de l'origine de l'office divin des Hébreux, des Chrétiens, etc., etc., depuis Saint-Pierre jusqu'à nos jours* ; 4° *Annales historiques de la milice bourgeoise de la ville de Paris, depuis les premiers temps de la monarchie française, primitivement sous Charles VI vers 1383, sous la direction de Marcel, prévôt de Paris, et connue depuis 1789 sous le nom de garde nationale, contenant tout ce qui s'est passé de plus remarquable en sa faveur, etc., jusqu'en 1823* ; 2 vol. in-fol., de 1500 pages, manuscrit extrait de divers ouvrages historiques, civils et militaires, etc., etc., recueilli et mis en ordre par André Migon, employé à la bibliothèque de la ville pendant 39 années. (Ces deux derniers ouvrages n'ont point été imprimés.)

** *Notices historiques sur les Bibliothèques anciennes et modernes,* par A. Bailly, ancien sous-bibliothécaire de la ville, et bibliothécaire de la Société royale et centrale d'Agriculture, etc., etc.

terlitz, où elle se trouve beaucoup trop éloignée du centre des études. Mais M. le comte de Rambuteau, dont la sollicitude, pour tout ce qui est utile aux sciences et aux arts, est au-dessus de tout éloge, s'occupe activement de sa réorganisation ; et dès que les nouvelles constructions de l'Hôtel-de-Ville seront terminées , ce dépôt des connaissances humaines sera dignement placé dans de vastes salles, et alors les studieux comme les étrangers pourront admirer cet établissement.

La bibliothèque * de la société royale et centrale d'Agriculture y sera également placée dans une salle dans laquelle elle tiendra ses séances.

La bibliothèque de la ville possède une collection aussi complète que possible, d'histoire des villes de France, particulièrement sur Paris dans ses diverses spécialités ; plusieurs ouvrages qui forment une collection de livres de droit ; l'histoire, la littérature, ont aussi une large place dans ce dépôt littéraire, et bientôt grace aux soins éclairés du conseil municipal, les sciences et la technologie, pourront y figurer, car ces deux classes d'ouvrages doivent particulièrement se trouver dans une bibliothèque

---

* Cette bibliothèque, toute spéciale sur l'agriculture, renferme des ouvrages qui ne se trouvent dans aucune autre. Elle a été formée en 1827, et confiée à nos soins.

municipale, c'est-à-dire une bibliothèque à l'usage de tous, et pour l'utilité des habitans laborieux de cette capitale.

NOTICES BIOGRAPHIQUES

SUR LES

PRINCIPAUX PERSONNAGES

QUI SE RATTACHENT

A L'HISTOIRE DE L'HOTEL-DE-VILLE.

ANDROUET DU CERCEAU (Jacques), architecte français au XVIe siècle. Le Pont-Neuf fut commencé par lui en 1578, d'après les ordres de Henri III, en 1596 Henri IV le chargea de continuer la galerie du Louvre; il bâtit plusieurs hôtels, entre autres l'hôtel de Bretonvillers et celui des Fermes, et acheva l'Hôtel-de-Ville. Forcé de s'expatrier pour cause de religion, il mourut dans les pays étrangers; il a laissé un livre d'architecture contenant les plans et dessins de 50 bâtimens, et plusieurs autres ouvrages sur le même sujet.

AUBRIOT (Hugues), (statue) 1369, intendant des finances, prévôt de Paris sous Charles V; fit bâtir la Bastille en 1369, (pour servir de forteresse contre les Anglais); le pont Saint-Michel, le pont au Change et le Petit-Châtelet. Il fut mis à la Bastille par les intrigues de l'Université, pour avoir réprimé les excès de quelques écoliers. Les séditieux appelés maillotins * l'en tirèrent pour le mettre à leur tête, mais il les quitta aussitôt, et se réfugia en Bourgogne où il mourut en 1382.

BAILLY (Jean-Silvain), (statue) 1789. Membre des trois premiers

---

* Nom donné à cause des maillets de fer, servant d'armes et déposés à l'Hôtel-de-Ville, dans une pièce dite l'Arsenal, qui se trouvait près l'arcade Saint-Jean.

corps académiques de France, premier député de Paris à l'assemblée nationale, et premier maire de Paris où il naquit le 15 septembre 1736. Parmi les hommes qui ont figuré d'une manière active dans le drame sanglant de la révolution française, Bailly est de ceux que la postérité jugera digne de quelque intérêt. Jeune encore il se livra avec une activité infatigable à l'étude des sciences, à l'observation de la nature, aux méditations de la philosophie; son intimité avec Lacaille détermina sa vocation en faveur de l'astronomie. C'est au sein de cette étude sérieuse que le surprit la révolution de 1789 : les électeurs de Paris le choisirent pour secrétaire; porté ensuite aux États-Généraux comme député du tiers, il présida cette assemblée dans sa première séance; le 20 juin il la conduisit au Jeu de Paume et présida aussi cette fameuse séance, où il demanda à prêter le premier serment de ne pas se séparer avant d'avoir établi la constitution sur des bases solides. Nommé maire de Paris après l'assassinat de Flesselles et la prise de la Bastille, il reçut le roi à l'Hôtel-de-Ville le 17 juillet 1789. Le 20 juin 1791, après le départ du roi pour Varennes, les plus ardens révolutionnaires ouvrirent l'avis de prononcer la déchéance de Louis XVI, des mouvemens eurent lieu dans Paris pour forcer à prendre cette mesure, Bailly parvint à déjouer les espérances des Jacobins. L'affaire sanglante du Champ-de-Mars (17 juillet 1791), où Bailly fit proclamer la loi martiale et dissiper à coups de fusil les rassemblemens qui s'y étaient formés, fut le terme de la faveur dont jouissait le maire de Paris ; obligé de céder à Pétion, il s'éloigna de Paris lors de la révolution du 31 mai 1793, et fut signalé aux agens de Robespierre ; arrêté à Melun, traduit le 10 novembre devant le tribunal révolutionnaire et condamné à mort; conduit le lendemain au supplice dans le Champ-de-Mars, des furieux le frappèrent avec tant de barbarie que les bourreaux eux-mêmes en furent indignés; on poussa l'inhumanité jusqu'à lui passer sur la figure le drapeau rouge tout enflammé, « tu trembles, lui dit alors un des monstres à face humaine qui l'environnaient.—Mon ami, c'est de froid, » répondit-il avec calme. Enfin l'échafaud fut dressé sur un tas d'ordure. Il n'attendit pas que le bourreau portât la main sur lui, il alla lui-même avec un courage héroïque se précipiter sous le couteau fatal. Bailly avait une taille élevée, sa physionomie était sérieuse, son caractère sensible. On a de cet écrivain : *Observations de Lacaille sur 515 étoiles du zodiaque*, 1763; *Essai sur la théorie des satellites de Jupiter*, etc., 1766, in-4°; *Éloge de Leib-*

nitz, 1769, in-4°; *Hist. de l'astronomie ancienne, etc.*, 1775, in-4°; *Hist. de l'astronomie moderne*, 1778-1783, in-4°; *Histoire de l'astronomie orientale*, 1783, in-4°; *Lettres sur l'Origine des Sciences et sur celle des peuples de l'Asie*, 1777, in-8° ; *Lettres sur l'Atlantive de Platon, etc.*, Londres, 1779, in-8°; *Essai sur les Fables et sur leur histoire*, 1798, 2 vol. in-8°; *Mémoires d'un témoin de la révolution*, 1804, 3 vol. in-8°; *Mémoires dans les académies dont il était membre; Poésies dans l'Almanach des Muses*, etc.

BARROT (Vincent-Hyacinthe-Odillon), né le 19 juillet 1791, l'un de nos avocats les plus célèbres, orateur distingué, député de l'Aisne, a été nommé préfet du département de la Seine, le 24 août 1830, et a quitté ses fonctions le 22 février 1831.

BESSON (Louis-Édouard), né le 9 juin 1783, à Lyon, d'une ancienne famille attachée aux États de Bourgogne ; il entra d'abord à l'École Polytechnique, fut nommé auditeur au Conseil d'État dès qu'il en sortit, et chargé de plusieurs missions de confiance par le Comte Frochot, préfet du département de la Seine ; nommé secrétaire-général de ce même département, maitre des requêtes honoraires, il présida le conseil de recrutement le jour de la conspiration de Mallet, (voyez Frochot). Il rendit de grands services à la ville de Paris lors de l'invasion des alliés, en faisant révoquer l'intendant que le général Sacken avait désigné pour administrer la capitale. Après la seconde restauration, M. Besson fut destitué : en 1815, maitre des requêtes, ensuite attaché à l'état-major général de la garde nationale, en qualité de chef d'escadron; dès la première réorganisation des autorités municipales, en septembre 1830, nommé membre du conseil-général du département dans le 3e arrondissement, et président du conseil municipal, depuis 1831, pair de France, promotion du 11 octobre 1832, lieutenant-colonel de la 3e légion de la garde nationale.

Il n'a cessé de jouir dans ces diverses fonctions, de l'estime et de la considération publique.

BERTHIER (Louis-Bénique-François), conseiller d'État et intendant de Paris en 1789, une des premières victimes de la révolution, fut, après la prise de la Bastille, arraché de l'Hôtel-de-Ville par des forcenés qui le pendirent à une lanterne qui se voyait au coin de la rue de la Vannerie, après lui avoir fait baiser la tête de Foulon, son beau-père, qui venait de le précéder au supplice.

BOYLEAUX (Etienne), (statue) issu d'une noble famille d'Angers, *(dont est descendu Boileau-Despréaux)*. Célèbre prévôt de Paris, fut nommé à cette charge par Saint-Louis, lorsqu'à son retour de la Terre-Sainte, ce prince en abolit la vénalité. Ce choix fut digne du saint roi, et jamais magistrat plus intègre ne rendit la justice; il commença par établir une police dans Paris, la discipline dans le commerce, dans les arts, dans la perception des droits royaux, fixa les impôts sur le commerce et les marchandises, et rangea les artisans en différens corps et confréries. Ses sages et simples statuts, qui n'ont pas été imprimés et dont l'original fut brûlé en 1737, dans l'incendie de la chambre des Comptes, ont servi de base à la législation municipale de France. Il mourut en 1269.

BRISSAC (Cossé-Charles de), maréchal de France, gouverneur du château d'Angers, etc., eut part aux exploits de l'armée royale pendant les années 1582, 1585, 1586 et 1588; il prit parti pour le duc de Mayenne pendant les troubles de la ligue, fut chargé du gouvernement du Poitou, de La Rochelle, de l'Aunis, de l'île de Ré et de celui de Paris, remit cette ville le 22 mars 1594 à Henri IV qui le créa maréchal de France, à cette occasion il offrit une écharpe au bon roi*. Il mourut en 1621, comblé de nouvelles faveurs par Louis XIII.

St-Luc, son beau-frère, entra le premier dans Paris par la porte St-Denis.

CHABROL DE VOLVIC (le comte Gilbert-Joseph-Gaspard), conseiller d'État, préfet de la Seine, membre de la Chambre des députés, grand-officier de la Légion-d'Honneur, membre de l'Institut, etc., né en Auvergne, élève de l'école Polytechnique, fit partie de l'expédition d'Égypte, comme ingénieur, coopéra au grand et bel ouvrage sur cette contrée. Au 18 brumaire an VIII, fut nommé sous-préfet, en 1806, préfet du département de Montenote. Il a toujours possédé une rare habileté dans les fonctions qui

---

* Il existe, à la Ville, un tableau sur cet événement.

lui furent confiées ; il était en congé à Paris, lors de la conspiration de Mallet, que n'avait pas prévu le duc de Rovigo, le baron Pasquier et le comte Frochot, préfets, l'un de la police et l'autre du département. Le comte Frochot fut le moins heureux des trois fonctionnaires ; l'Empereur lui retira sa préfecture, qu'il donna à M. Chabrol de Volvic. On cite un fait qui l'honore et qui ne peut étonner les hommes qui le connaissent : son compatriote, l'intrépide général Gruyet, avait été condamné à mort, M. Chabrol de Volvic le recueillit chez lui et lui sauva la vie en le tenant caché. Nommé préfet de la Seine, M. de Chabrol a donné, plusieurs fois, des preuves de connaissances étendues en administration. Il est resté dix-huit années à la préfecture de la Seine, et a fait exécuter un grand nombre de constructions dans la capitale, où il a acquis la réputation d'un magistrat intègre.

CHAMBON (Antoine-Benoit), député de la Corrèze à la Convention nationale, s'y lia avec les Girondins, dénonça le ministre Pache ; et ensuite, ayant traité Robespierre de factieux, de scélérat, il fut provoqué en duel par Bourdon, de l'Oise. Dans le procès de Louis XVI, il vota la mort et l'appel au peuple, et combattit la proposition de statuer, séance tenante, sur la question de sursis, à la formation du comité de sûreté générale ; il en fut élu membre. Enfin, enveloppé dans la proscription des Girondins, au 31 mai 1793, il se retira à Lubersac, aux environs de Brives, et y fut massacré dans une grange.

CHARRON Jeune, prévôt des marchands, et Marcel, son prédécesseur, furent demandés par Tavanne, maréchal de France, en présence de Charles IX, et leur ordonna de faire armer des compagnies bourgeoises et de les amener à minuit à l'Hôtel-de-Ville, en leur faisant connaître le but de l'armement, pour l'exécution de la Saint-Barthélemy, fixée au dimanche 24 août 1572 ; on hésita si on comprendrait dans ce massacre le roi de Navarre (Henri IV), le prince de Condé et les Montmorency.

Cet arrêt prononcé, on ne songea qu'à en presser l'exécution, dans un conciliabule tenu aux Tuileries, entre la reine Catherine de Médicis, le duc d'Angoulême, frère bâtard du roi, le garde-des-sceaux Birague, le maréchal de Tavanne, et le comte de Retz ; à Paris, ce massacre dura près d'un mois ; il s'étendit dans les provinces ; il fut horrible à

Meaux, à Angers, à Bourges, à Orléans, à Toulouse, à Rouen et à Lyon, où 4,000 citoyens furent égorgés en un jour. Plus de 60,000 personnes, en France, perdirent la vie.

COUTHON (Georges), avocat à Clermont, né en 1756, se jeta dans le parti de Robespierre ; nommé commissaire à l'armée devant Lyon, revint à Paris, après avoir vu démolir une partie de ses monuments. La chute de Robespierre entraîna celle de Couthon, qui n'eut pas la force de prévenir son supplice avec un poignard dont on l'avait armé. Il périt sur l'échafaud le 28 juillet 1794.

DANTON (Georges-Jacques), né en 1759, à Arcis-sur-Aube, avocat au conseil du roi, membre du département de la Seine ; en 1791, procureur de la commune de cette ville ; l'année suivante, chargé du département de la justice au conseil exécutif provisoire, enfin député, pour ce département, de Paris ; pauvre et dévoré de passions, il embrassa, avec plus d'exaltation que d'espérance, les principes de la révolution, fut le fondateur du club des Cordeliers ; dès-lors son arrestation fut résolue ; convaincu d'avoir voulu rétablir la royauté, il fut mis en jugement et condamné à mort le 5 avril 1794, par ce même tribunal révolutionnaire qu'il avait lui-même établi ; après avoir conservé, jusqu'à l'échafaud, sa force et son audace, Danton s'attendrit à la vue de sa femme et de ses enfans.

DE BONDY (le comte) TAILLEPIED, né à Paris en 1766 ; en 1792, directeur de la fabrication des assignats ; en 1809, maître des requêtes ; en 1812, préfet à Lyon ; en 1815, préfet de la Seine ; préfet de la Moselle à la seconde restauration, où il ne resta que quatorze jours ; nommé préfet de la Seine le 22 février 1831 au 25 juin 1833, a été remplacé par M. le comte de Rambuteau.

DEFRESNE, entré comme employé à la préfecture, ensuite secrétaire-particulier de M. le comte de Chabrol, a été nommé secrétaire-général le 26 juin 1826, a quitté ses fonctions en 1830. M. Defresne s'est fait remarquer par son zèle et son activité dans l'administration dans laquelle il a laissé de bons souvenirs.

DE JUSSIEU (Laurent-Pierre), de la célèbre famille des Jussieu, naquit à Lyon, le 7 février 1792; successivement placé dans les diverses parties de la haute administration, M. de Jussieu s'y fait remarquer par un zèle éclairé[*]; les électeurs du 10e arrondissement ont su apprécier son amour pour le bien public en l'élevant à la législature; mais nous nous abstiendrons, dans cette notice, d'ajouter rien à ce témoignage d'estime de ses concitoyens; il est un autre genre de mérite qui, plus modeste, est aussi très-honorable, et que M. de Jussieu possède; malgré ses graves occupations, il sait encore être utile à la société par des ouvrages remarquables. En voici la liste :

Antoine et Maurice. Paris, 1821, 1 vol. in-12. (Cet ouvrage a obtenu le prix proposé par la société pour l'amélioration des prisons, en faveur du meilleur livre à être donné en lecture aux détenus.)

Exposé analytique des méthodes de l'abbé Gauthier. Paris, 1822, in-8°.

Fables et Contes en vers. Paris, 1829, in-8.

Histoire de Pierre Giberne (pour l'instruction des soldats de l'armée). Paris, 1825, in-12.

Notices chronologiques sur l'abbé Gauthier, de Montègre, Moreau de Saint-Méry et Mesnier. Paris, 1819, in-8.

Simon de Nantua, P. 1826-1829, in-12 (ouvrage auquel l'académie française a décerné un prix extraordinaire).

Recueil de discours prononcés au parlement d'Angleterre par Fox et W. Pitt, traduits de l'anglais. 1820.

OEuvres posthumes de Simon de Nantua, ou le Marchand forain. Paris, 1818 à 1826 (quatre éditions), in-8° (cet ouvrage a été traduit dans toutes les langues modernes).

Comme tous les membres de sa famille, M. de Jussieu s'est aussi occupé d'histoire naturelle; on trouve de lui :

1° un *Mémoire sur les grenats de Finlande;* voir tom. XVIII des *Mémoires du Museum;*

2° un *Mémoire d'histoire sur le fer sulfuré blanc*, voir *Journal des Mines*, tom. XXX, 1811.

---

[*] Élu en 1837 et réélu en 1839, à une grande majorité, député de l'un des arrondissemens les plus importans de Paris.

3° *Mémoire sur la réunion du natrolique avec la mésotype*, même journal, tom. xxxi, 1812.

M. de Jussieu est un des collaborateurs de la *Bibliothèque des Familles*, ancien rédacteur en chef du *Journal d'éducation*; ses divers travaux, qui eurent toujours pour but de propager l'enseignement en France et à l'étranger, lui assignent un rang honorable parmi les hommes de lettres et les véritables philantropes; M. de Jussieu a été nommé secrétaire-général de la préfecture du département de la Seine, le 1er janvier 1831.

DELORME (Philibert) (statue), célèbre architecte français, né à Lyon, au commencement du XVIe siècle, mort à Paris, en 1577, alla très-jeune encore étudier en Italie la belle antiquité. De retour à Lyon, en 1536, il y fit construire le portail de Saint-Nizier, lorsque le cardinal Du Belloy l'attira à Paris et le fit connaître à Henri II, ainsi que ses fils. Le fer à cheval de Fontainebleau fut son premier ouvrage; il donna ensuite les plans des châteaux d'Anet, de Meudon, de Saint-Maur. Nommé intendant du bâtiment de Catherine de Médicis, il construisit la tour des Valois, à Saint-Denis, et le château des Tuileries, édifice qui seul eut suffi pour immortaliser son nom. Delorme a laissé : *Nouvelle invention pour bien bâtir et à peu de frais*, Paris, 1567, deux parties in-fol.; *Neuf livres sur l'architecture*, 1567, in-fol. avec figure sur bois; il est aussi l'auteur d'une espèce de charpente, dont l'usage a repris, de nos jours, une sorte de vogue.

DE RAMBUTEAU (Claude-Philibert-Berthelot comte), né en Bourgogne, d'une ancienne famille. Destiné à l'école Polytechnique, il en avait suivi les examens; mais la mort de sa mère et la nécessité de donner des soins à un père âgé et aux affaires de sa famille, changea la direction de ses idées. Sa carrière politique commence dès 1809, époque à laquelle le département de Saône-et-Loire l'envoya complimenter Napoléon, vainqueur de l'Autriche; vers cette époque, M. de Rambuteau épousa la fille du comte de Narbonne[*], et fut attaché à l'empereur Napoléon comme chambellan; pendant plus de trois ans, il le désigna pour son service particulier.

---

[*] Mme la comtesse de Rambuteau se distingue par ses bonnes œuvres envers les malheureux, etc.

M. de Rambuteau assista avec une grande assiduité aux séances du conseil d'État, et n'interrompit ses études que pour remplir une mission extraordinaire en Westphalie, à l'époque de la naissance du roi de Rome.

En 1812, M. de Rambuteau fut nommé préfet du Simplon ; malgré la fermentation qui régnait dans ce pays, il parvint à y maintenir la paix, à lui donner une administration douce et bienveillante, et à étouffer deux conspirations sur le point d'éclater. Lors de la retraite de l'armée d'Italie, nos troupes, engagées dans des passages difficiles qui, en une seule nuit, furent couverts de quatorze pieds de neige, trouvèrent, par suite des dispositions prises par ce préfet, des secours inattendus. Il établit un hôpital où 1,800 malades du typhus furent admis et traités, et trouva moyen de fournir des vivres à 17,000 hommes qui manquaient de tout.

D'immenses travaux furent exécutés dans ce pays sous son administration, notamment ceux du Simplon et de l'hospice. Il posa la première pierre de cet établissement.

Lors de l'invasion de la Suisse par les forces autrichiennes, il réunit 8 à 900 français, tant militaires que douaniers, tenta de leur ouvrir un passage par Chambéry, et les ramena, après dix jours de marche, jusqu'à Chambéry.

M. de Rambuteau fut nommé, le 8 janvier 1814, à la préfecture de la Loire ; il arriva dans ce département au moment où il allait être envahi par l'ennemi, organisa sa défense, fournit à l'armée de Lyon des renforts considérables en formant quatre bataillons de garde nationale mobile qu'il conduisit lui-même au général Augereau ; il imprima assez d'activité à la fabrique d'armes de Saint-Etienne pour lui faire produire 800 fusils par jour ; établit un système de réquisition qui lui permettait de fournir tous les jours 14,000 rations, et cela pendant trois mois. L'ennemi se présenta près de la Loire, le 22 janvier, il y fut toujours tenu en échec, grace au bon esprit qui animait la population et au zèle de l'administration, bien secondés par le général Montholon.

Conservé par les Bourbons dans le même département, M. de Rambuteau s'empressa de donner son appui à ceux qui l'avaient naguère si bien secondé, et pas une destitution n'eut lieu. Il liquida plus de deux millions de créances sur le gouvernement entre dix-sept cents parties prenantes, et reçut de ce département le témoignage le plus flatteur d'estime : les électeurs l'envoyèrent en 1815 à la Chambre des députés, en consignant dans le procès-verbal de son élection que ce choix était un hommage de la reconnaissance publique.

Dans les cent jours, il fut appelé par l'empereur à la préfecture de l'Allier et à celle de l'Aude, et envoyé à Montauban, muni des pouvoirs extraordinaires. Placé entre deux partis également violens, il sut les ployer à l'obéissance aux lois, sans mesures arbitraires.

La deuxième restauration rejeta M. de Rambuteau dans la vie privée, où il demeura pendant douze ans livré à des travaux agricoles, n'exerçant que les fonctions de membre du conseil-général de Saône-et-Loire; les plantations qu'il fit exécuter sont immenses *.

En 1827, les électeurs constitutionnels de Mâcon réunirent leurs votes sur M. de Rambuteau. En 1833, le 22 juin, il a été nommé préfet de la Seine; il fait partie de la Chambre des pairs et du conseil d'État; depuis son entrée à la préfecture, il n'a cessé de s'occuper des embellissemens et assainissemens de la capitale. C'est à son activité incessante que les nombreux travaux entrepris, s'exécutent avec une rapidité extraordinaire; on peut juger de cette promptitude par les constructions de l'Hôtel-de-Ville.

DE THOU (Augustin), était seigneur de Bonnuiré et du Bignon, près Orléans, d'où cette famille tirait son origine, et non de la Champagne, comme l'a dit le *Dictionnaire historique*, parut avec éclat au barreau comme conseiller, puis comme président; il mourut le 6 mars 1544, fut prévôt des marchands en 1538.

DE THOU (Christophe), premier président du parlement de Paris, conseiller, avocat du roi au siége de la table de marbre, contrôleur de la chancellerie et prévôt des marchands de Paris, en 1552, servit avec zèle les rois Henri II, Charles IX et Henri III. Ce dernier prince qui faisait peu de cas de ses services, le pleura après sa mort. On l'entendit souvent pire « que Paris ne se fut jamais révolté, si de Thou eut encore été à la tête « du parlement. » Il mourut le 11 novembre 1582, à 74 ans. C'est le premier habitant de Paris qui ait eu un carrosse.

---

* Ces travaux agricoles le firent admettre à la Société royale et centrale d'Agriculture.

DE THOU (Jacques-Auguste), né le 8 octobre 1553, vint à Paris peu de temps avant les fêtes de Henri, roi de Navarre, qui devaient cacher les préparatifs de la Saint-Barthélemy; il fut témoin de cette journée exécrable, et vit le corps de l'amiral Coligni au gibet de Montfaucon; fut célèbre historien, et fidèle à Henri IV, qu'il servit de son épée et de ses talens dans les conjectures les plus difficiles. Il a laissé une histoire de son temps, où l'on voit un homme possédé de l'amour de la vérité; mort en 1617; prévôt des marchands en 1580.

FAVRAS (Thomas-Mahi, marquis de), né à Blois, en 1745, servit avec distinction pendant la campagne de 1761; lieutenant des suisses, commanda une légion en Hollande lors de l'insurrection de 1787, contre le stathoudérat. Accusé d'avoir tramé contre la révolution, il montra dans sa défense une noblesse et un courage admirables; il périt le 19 février 1799, avec le calme de l'innocence.

FLESSELLES (N. de), prévôt des marchands de Paris, né en 1721, figura de bonne heure dans les troubles de la Bretagne, où il embrassa la cause du duc d'Aiguillon, et se joignit aux adversaires du courageux La Chalotais; la cour, satisfaite de sa conduite, le nomma intendant de Lyon; il s'y fit aimer par la douceur de ses mœurs et la facilité de son caractère. Ce fut cette même facilité qui le perdit lorsque, dans des circonstances plus difficiles, il fut appelé à remplir, au commencement de la révolution, les dangereuses fonctions de prévôt des marchands de Paris; partisan des mesures rigoureuses à la cour, ami du peuple dans les réunions de l'Hôtel-de-Ville, il voulut ménager à la fois deux partis extrêmes entre lesquels il n'y avait plus d'accommodement possible. Pressé, dans la fameuse journée du 14 juillet 1789, de s'expliquer sur ses tergiversations continuelles, il s'était laissé entraîner jusqu'au Palais-Royal, où sa justification devait être entendue, lorsqu'un jeune homme lui tira un coup de pistolet et lui brisa la tête. Une lettre de lui, trouvée dans la poche du gouverneur de la Bastille, Delaunay, et dans laquelle il l'exhortait à se défendre, fut, dit-on, le prétexte de son meurtre; le peuple se jeta sur son cadavre, qui devint l'objet des plus dégoûtantes injures.

FOULON (M.), contrôleur-général des finances de France, né vers 1717, massacré à Paris, le 22 juillet 1789, s'était fait de nombreux ennemis par la dureté de ses manières, et l'on tremblait de voir se réaliser la proposition qu'il avait faite au roi de rétablir les finances par une banqueroute; ce qui mit le comble à la haine dont il était l'objet fut, dit-on, un propos odieux que plusieurs historiens ont rapporté, et qu'il aurait eu l'imprudence de laisser échapper devant des gens de sa maison. Enlevé de sa retraite, à quatre lieues de Paris, où il était réfugié, il fut conduit à Paris et mis en pièces par la populace et attaché à une lanterne ; au moment où il sortait de l'Hôtel-de-Ville pour aller en prison, son gendre, Berthier, eut le même sort (voir ce nom).

FROCHOT (le comte), député aux États-Généraux, conseiller d'État, préfet, etc., comte de l'empire; il exerçait les fonctions de notaire et de prévôt royal à Arnay-le-Duc; le comte Frochot traversa inaperçu les orages de la république, et ne reparut sur la scène politique qu'après le 18 brumaire; appelé au corps législatif, ensuite revêtu des fonctions de conseiller d'État ; ses connaissances administratives et sa probité le firent chérir des Parisiens. Un jour funeste s'éleva en 1812, pour le comte Frochot, ce fut celui de la tentative audacieuse du général Mallet; le préfet de la Seine ne montra pas dans cette conjecture, l'énergie et la vigueur que son dévouement à l'empereur aurait pu faire attendre, celui-ci en devint furieux et annonça au sénat le sort qu'il réservait au préfet de la Seine : « Des magistrats pusillanimes, dit-il, détruisent l'empire des lois, les » droits du trône et l'ordre social lui-même.» On était au 20 décembre, trois jours après, le comte Frochot fut destitué. En 1814, il obtint une pension de 15,000 fr. d'après une réclamation expresse des maires de Paris et du conseil municipal. Il fut nommé préfet des Bouches-du-Rhône, au retour de Napoléon de l'île d'Elbe; le comte Frochot quitta Marseille à la nouvelle des évènemens de Waterloo, et s'éloigna entièrement des affaires publiques. Il est mort en 1828, à l'âge de 68 ans.

GODDE (Etienne-Hippolyte), Architecte, né à Breteuil (Oise), le 26 décembre 1781, fut élève de feu Delagardette, ancien pensionnaire de l'école de Rome, à qui on doit un Vignole et un ouvrage sur les *Ruines de Pestum*, suivit avec quelques succès, pendant cinq années (de 1796 à 1801), les cours de l'école spéciale d'architecture; il fut admis au concours du grand prix. Les succès du jeune Godde, à peine âgé de 20 ans, fixèrent l'attention de M. Legrand, auteur de l'*Histoire générale de l'Architecture*, qui l'appela bientôt auprès de lui en qualité de dessinateur, et dirigea ses études vers la construction. Son maître étant devenu inspecteur en chef de la deuxième section des travaux publics du département de la Seine, le fit nommer, en 1805, inspecteur ordinaire de sa division, qui embrassait les temples, les églises, les cimetières, Notre-Dame et l'Archevêché. En 1812, il fut chargé par M. le comte Frochot, préfet du département de la Seine, de la rédaction d'un projet pour la construction de l'Hôtel-de-Ville de Paris sur la rue Napoléon; la dépense était évaluée à 25 millions. Ce projet fut accepté par l'empereur, mais il ne fut pas suivi d'exécution par suite des évènemens politiques qui ont amené la chûte de l'empire. A cette époque il fut chargé de faire la levée des plans, coupes et élévations de toutes les églises de Paris, pour en former un atlas ; ses dessins au nombre de 300 sont déposés au bureau des plans de la ville. Après avoir remplacé, comme architecte des prisons, M. Giraud, auquel a succédé M. Baltard, M. Godde fut, en 1813, nommé architecte-inspecteur en chef de la deuxième section des travaux publics, place occupée précédemment par M. Legrand et par M. Brogniard. Le ministre de l'intérieur chargea successivement M. Godde, de la construction : 1° d'une église à Boyer (Somme) ; 2° de la restauration de la cathédrale d'Amiens ; 3° de la restauration de l'église de Corbie. M. Godde, depuis sa nomination à la place d'architecte du département de la Seine, a fait construire l'église Saint-Pierre, au Gros-Caillou, d'ordre dorique romain — Le séminaire Saint-Sulpice. — L'église Notre-Dame de Bonne-Nouvelle, d'ordre dorique romain. — L'église du Saint-Sacrement, d'ordre ionique grec. — Le presbytère Saint-Séverin et le presbytère de l'église Saint-Pierre, de Chaillot. Diverses réparations ont été exécutées sous sa direction dans les églises Sainte-Elisabeth, Saint-Séverin et Saint-Germain des Prés, les cimetières du Sud et de l'Est. On lui doit la construction de vingt hôtels dans les rues de Londres et de Tivoli. — La restauration de la façade de l'église Saint-Nicolas des Champs, de celle de l'église Saint-Merri et de l'église Saint-Germain l'Auxerrois. Enfin la construction des bâtimens pour l'agrandissement de l'ancien Hôtel-de-Ville, conjointement avec M. Lesueur. En outre de ces travaux, M. Godde vient de faire un projet pour la construction d'un palais d'archevêché sur l'emplacement du terrain circonscrit entre la rue Massillon et le quai Napoléon;

Un projet, en cours d'exécution, pour la promenade publique, sur l'emplacement de l'ancien archevêché ;

Un projet pour la construction d'une nouvelle sacristie au chevet du chœur de l'église Notre-Dame.

GOUJON (Jean) (statue), surnommé le Phidias français et le Corrège de la sculpture, né à Paris au XVI° siècle, périt le jour de la Saint-Barthélemy atteint d'un coup d'arquebuse, tandis que placé sur un échafaud, il travaillait aux décorations du Vieux Louvre ; les morceaux les plus remarquables qui nous restent de cet artiste, sont : un bas-relief allégorique représentant *la Mort et la Résurrection ;* un autre en pierre de liais représentant *le Christ au tombeau ;* les bronzes qui décoraient la porte d'entrée du château d'Anet, le plafond en bois et les lambris sculptés de la chambre à coucher de Diane de Poitiers, un groupe de marbre blanc de la plus grande beauté, représentant *Diane chasseresse* appuyée sur un cerf, et accompagnée de ses chiens Procyon et Syrius; et une autre *Diane* qui enrichit le château de la Malmaison. L'ouvrage le plus connu de Jean Goujon est la *Fontaine des Innocens*, fondée en 1550 contre une maison de la rue Saint-Denis, et transportée en 1788 au milieu de la place qu'elle embellit aujourd'hui ; la salle du Zodiaque, à l'Hotel-de-Ville où on admire la belle menuiserie sculptée par lui. On trouve à la suite de la traduction de Vitruve, par J. Martin, Paris, 1547, un opuscule de J. Goujon : c'est le seul écrit que l'on connaisse de cet artiste.

GOZLIN, (statue), 49° évêque de Paris, appartenait à la famille carlovingienne, il était cousin de Charles-le-Chauve, il prit l'habit de Saint-Benoît dans l'abbaye de Saint-Maur-sur-Loire, et y embrassa la vie monastique, ce n'est que vers 848 qu'il succéda à Ebroin en qualité d'abbé de Saint-Germain des Prés, dès-lors il posséda de grandes charges à la cour. En 858, les Normands le firent prisonnier et ne le relâchèrent qu'après une forte rançon, en 883 il devint évêque de Paris, et l'un de ses premiers soins fut de fortifier cette ville afin de la préserver des incursions des Normands ; cependant ils vinrent, sous la conduite de Sigefroy, mettre le siége devant Paris; Gozlin et ses parens le casque en tête, une hache à la main furent les premiers sur la brèche, mais ce courageux évèque n'eut pas la satisfaction de voir Paris délivré, car il mourut pendant ce siége, le 16 avril 888. Les historiens du temps l'appellent *pastor benignus et hero*.

JUVÉNAL DES URSINS ou JOUVENEL (statue), baron de Truisnal, était fils d'un avocat de Paris, qui devenu prévôt des marchands en 1388, réprima l'insolence des gens de guerre, maintint les priviléges des bourgeois de Paris, et reçut, pour récompense de ses services, l'hôtel dit des Ursins, dont il joignit le nom à celui de Juvénal. C'est donc bien à tort qu'on l'a confondu lui et ses descendans, avec les membres de l'illustre famille des Ursins, en Italie, qui a donné à l'Église cinq papes et plus de trente cardinaux, sans parler de la célèbre princesse des Ursins. Juvénal entra comme son père dans la carrière du barreau, mais il avait plus de talent pour l'état militaire que pour la robe. On le voit successivement conseiller au Parlement, capitaine des gendarmes, lieutenant-général du Dauphiné, bailli de Sens, enfin chancelier de France en 1445. Déposé et emprisonné en 1461 par le soupçonneux Louis XI, il parvint à faire reconnaître son innocence, fut rétabli en 1465 d'une manière honorable ; mort en 1472.

LABORDE (Alexandre-Louis-Joseph, comte de) né à Paris, le 15 septembre 1774, fit de bonnes études au collège de Juilly, en 1808, maître des requêtes, en 1814, adjudant d'état-major de la garde nationale de Paris, fut envoyé dans la nuit du 31 mars, au camp russe pour traiter de la capitulation en ce qui concernait la garde nationale (Voir la notice Tourton) à son retour fut nommé colonel d'état-major de la même garde. En 1822 il fut nommé député de la Seine, réélu en 1827, lors des ordonnances de juillet 1830, la conduite de M. de Laborde fut noble, courageuse et énergique. Le 27 à dix heures du matin quelques députés se réunirent chez lui, des citoyens non députés s'y mêlèrent. Cette réunion fut ajournée à deux heures dans les salons de M. Casimir Perrier, où le nombre des députés fut plus considérable, donna ouvertement son approbation à une députation du comité électoral de la ville de Paris, qui serait admise dans la réunion des députés venait déclarer que l'insurrection était le seul recours possible contre la violation de la charte. Le 29 au matin il voulait que les députés avec leurs costumes ou en habits de gardes nationaux se présentassent au peuple et se missent à la tête de l'insurrection M. Laborde se joignit à MM. Mauguin, Laffitte, Schonen, Chardel et Lafayette, pour demander que les députés se constituassent à l'Hôtel-de-Ville. Après les trois jours, M. Laborde a été nommé préfet de la Seine, (le 29 juillet au 23 août 1830), contribua puissamment à l'établissement de la royauté; en 1831 il fut réélu par les électeurs de la Seine, ensuite nommé dans Seine-et-Oise; il est aide-de-camp du roi.

LAFAYETTE (Marie-Paul-Jean-Roch-Yves-Gilbert-Motier, marquis de), né le 6 septembre 1757, en Auvergne, abandonna sa famille pour consacrer sa vie à la défense de l'Amérique; après avoir passé par tous les évènemens de la révolution est encore reparu sur la scène en 1830. Dans les trois journées il présenta le roi aux Parisiens assemblés sur la place de l'Hôtel-de-Ville, en leur disant que ce roi était la meilleure des républiques, et certainement le général Lafayette ne croyait pas qu'il disait juste. Ce général dont la plus belle épisode est son amour pour l'Amérique, est mort regretté de tous.

LANDRY (SAINT-) (statue), évêque de Paris, signala sa charité dans la grande famine qui désola la France, en 651; il vendit ses meubles et les vases sacrés pour nourrir les pauvres; plusieurs auteurs prétendent qu'il est le fondateur de l'Hôtel-Dieu de Paris, car le premier titre où il soit question de l'Hôtel-Dieu est de l'an 829, et Saint-Landry mourut en 656; les savans le regardent cependant comme le fondateur de cet établissement, nous pensons qu'il faut s'en tenir à voir dans Saint-Landry, un des plus vertueux évêques de Paris et des plus charitables, c'est l'idée que nous donne une légende insérée dans le *Bréviaire de* 1492, où il est parlé pour la première fois de Saint Landry, ainsi que l'avance M. S. Victor, p. 368, tom. I.

LANGLOIS, échevin, avocat; avec une petite troupe de royalistes traversa la garde espagnole qui voulait s'opposer à son passage, et parvint à se saisir de la porte Saint-Denis, pour y faire entrer le seigneur de Vitry. Celui-ci, à la tête de la gendarmerie du roi, s'empara de cette porte, du rempart, et s'avança ensuite dans la rue Saint-Denis, et facilita l'entrée du bon roi à Paris.

LAUNAY ou **LAUNEY** (Réné-Jourdan, marquis de), né le 9 avril 1776, à la Bastille, dont son père était gouverneur, et lui-même ne remplaça le comte de Jumilhac de Baljac qu'en 1776; De Launay conserva ce poste pendant treize ans, et ne fut célèbre que le jour où il le perdit, parceque les évènemens qui en furent la suite changèrent les destinées de la France, et celle de l'Europe entière; nous nous contenterons de rapporter les faits tels qu'ils sont consignés dans les procès-verbaux de l'Hôtel-de-Ville; dans les premiers jours de juillet, M. de Launay fut abordé par des individus au-dessus du commun qui lui demandèrent ce qu'il ferait s'il était attaqué. «Ma conduite, répondit-il, est réglée par mes devoirs, je me défendrai.» A la prise de la Bastille, le 14 juillet, on le saisit au moment où il allait se percer de son épée; deux gardes françaises le tinrent au collet et le conduisirent à l'Hôtel-de-Ville; il arriva à l'arcade Saint-Jean au milieu des traitemens les plus barbares, demandant sans cesse qu'on l'achevât; il ne fut délivré de son cruel martyre qu'au bas du perron de l'Hôtel-de-Ville, où on lui trancha la tête; la Bastille ne contenait que sept prisonniers à cette époque, 1789.

LEBRUN (Charles) (statue), célèbre peintre français, né à Paris, en 1619, annonça de bonne heure de très-heureuses dispositions, que le chancelier Séguier voulut cultiver en le faisant entrer dans l'atelier de Vouet, et l'entretenant ensuite à Rome pendant six ans à ses frais. Le jeune artiste eut l'avantage d'y rencontrer le Poussin; rappelé à Paris en 1648, Lebrun fut reçu à l'Académie, et Fouquet, qui le choisit pour orner de peintures son superbe château de Vaux, lui accorda 12,000 livres de pension; Mazarin le présenta à Louis XIV. Nommé, en 1662, premier peintre du roi, Lebrun reçut une pension égale à celle que lui faisait Fouquet, avec des lettres de noblesse; il usa dignement de son influence en portant Louis XIV à fonder, en 1666, l'école française à Rome, en faveur des élèves qui obtiendraient chaque année le premier prix de peinture ou de sculpture; après la mort de Colbert, Louvois, qui persécutait tous ceux que ce ministre avait protégés, chercha toutes les occasions de faire briller et d'employer Mignard au détriment de Lebrun, et le chagrin que cet artiste en ressentit ne contribua pas peu à sa mort, arrivée en 1690. On regarde comme chefs-d'œuvre la *Suite des batailles d'Alexandre*, la *Défaite de Maxence*, le *Christ aux anges*, les *Peintures de la grande galerie de Versailles*, la *Madeleine* *pleurant les fautes de sa jeunesse*, la *Vierge apprêtant le repas de l'enfant Jésus*, etc.

LESCOT (Pierre) (statue), architecte célèbre, né à Paris, en 1510, mort en 1571, fut abbé commandataire de Clugny. On le regarde comme le restaurateur de l'architecture en France ; il donna, en 1541, les dessins du Louvre, et la façade de l'horloge, seule partie de son ouvrage, qui subsiste encore, et regardée comme un chef-d'œuvre ; la fontaine des Innocens fut également élevée sur ses dessins.

LESUEUR (Eustache) (statue), surnommé le Raphaël français, un des peintres les plus célèbres du XVII° siècle, naquit à Paris, en 1617, étudia sous S. Vouet, se fit remarquer du Poussin, qui lui envoyait de Rome des esquisses des plus beaux modèles. Aussi modeste qu'habile, il ne peignit que pour des particuliers et des couvens, entre autres pour celui des Chartreux. Sa fortune resta toujours très-médiocre. Persécuté par des envieux et resté veuf, il se retira dans un cloître de Chartreux, et y mourut en 1655, à l'âge de 38 ans. Son caractère était noble et simple, son esprit naïf et fin. Comme peintre, il est le premier de l'école française sous Louis XIV. Lebrun, son rival est loin de lui par la grace, la vigueur, la noblesse et l'art de la disposition. On peut dire que Lesueur a deviné l'antique ; presque tout, dans ses tableaux, semble de la main, ou du moins de l'inspiration de Raphaël. Son œuvre, gravé au trait et publié par Landon, Paris, 1811, se compose de 110 pièces, mais il est loin d'être complet. Les morceaux les plus importans de cette collection, sont : la *Vie de saint Bruno*, en 22 tableaux ; les tableaux de l'*Histoire de saint Martin* et de celle de *saint Benoît* ; *saint Paul prêchant à Éphèse* ; la *Salutation angélique*; le *Martyre de saint Laurent* ; *saint Gervais et saint Protais*, en 6 tableaux, 19 *tableaux mythologiques* dans une galerie de l'hôtel Lambert, etc.

L'HOPITAL (maréchal de), gouverneur pour le roi; en 1651, le 4 juillet, président une assemblée de toutes les autorités et de députés de tous les états qui eut lieu à l'Hôtel-de-Ville; le parti des princes voulait amener l'assemblée à signer un acte d'union pour l'expulsion de Mazarin; sur son refus, le duc de Beaufort et les autres sortent sur la place de Grève, en criant que la salle est pleine de Mazarins. La multitude se révolta et se mit en fureur à ce mot. Un combat s'engagea entre elle et les soldats qui gardaient l'Hôtel-de-Ville ; ceux-ci s'étant barricadés avec du bois, le feu y fut mis, et à sa faveur les assiégeans pénétrèrent dans l'intérieur. L'Hôpital n'eut que le temps de mettre l'habit d'un huissier sur son corps et de se sauver ; mais plusieurs bourgeois furent massacrés, ainsi qu'un conseiller au Parlement, et deux maitres des requêtes, dont l'un du nom de Miron, de la famille du prévôt des marchands.

Cette émeute est la plus remarquable, comme évènement politique, dans lequel l'Hôtel-de-Ville joue un rôle jusqu'au moment de la révolution, et pendant cent cinquante ans, il n'est question de l'Hôtel-de-Ville, qu'à propos des diverses fêtes de mariage et de naissance ; son histoire se passe en réjouissances et en cérémonies, ce qui vaut mieux ; on y voit qu'en 1750, il fut question de bâtir un nouvel Hôtel-de-Ville sur l'emplacement où a été élevé l'hôtel de la monnaie ; le terrain était même acheté ; on renonça à ce projet.

Dès 89, ce n'est plus de même ; les réjouissances cessent pour faire place à des évènemens plus sérieux que ceux de la Fronde ; cette belle salle du Trône, aujourd'hui si magnifique, si calme, a retenti des vociférations de cette commune de Paris ; l'écho de ces voûtes a répété le coup de pistolet par lequel Robespierre essaya en vain de se soustraire au supplice ; c'est sur ce carreau qu'il fut ramassé, la mâchoire brisée et pendante, pour être porté à l'échafaud.

L'HUILLIER, prévôt des marchands, de BEAUREPAIRE, LANGLOIS et NÉRET, échevins, tenaient des assemblées particulières, et traitaient secrètement avec Henri IV des moyens de faciliter son entrée dans Paris.

LONGUEVILLE (Anne-Geneviève de Bourbon-Condé, duchesse de), fille de Henri II de Bourbon-Condé, et sœur du grand duc, naquit en 1619 au château de Vincennes, où son père était prisonnier d'État. Mariée au duc de Longueville, à l'âge de 23 ans, elle alla le rejoindre à Munster. En 1646, revenue en France, elle se jeta dans le parti opposé à Mazarin, et devint une des héroïnes de la Fronde ; pendant le siége de Paris, par les troupes royales, elle vint établir sa demeure à l'Hôtel-de-Ville, et y faire ses couches ; c'est dans son appartement que tout se discutait et se décidait ;

on désigne la salle du Zodiaque comme le lieu de ses couches, et même l'endroit où était placé le lit ; elle se voua par la suite à la solitude religieuse ; morte en 1679. Lemontey a donné une notice sur sa vie, etc.

MARCEL (Etienne), prévôt des marchands, fut tué par un bourgeois de Paris, nommé Maillard, la nuit même où il devait ouvrir les portes de la ville aux Anglais (le 1er août 1358) ; écoutons un célèbre historien moderne (Sismondi, tom. II, p. 538) rapporter ce fait : « Étienne Marcel,
» qui avait déjà éprouvé combien les échevins et les conseillers de la com-
» mune étaient irrités contre le roi de Navarre et les Anglais à sa solde, ne
» se flattait pas de les amener à confier, par une délibération régulière, les
» clefs de Paris à Josseran de Mascon, trésorier du roi de Navarre, à qui
» il avait promis de les remettre. Il essaya donc de changer pendant la
» nuit du 31 juillet au 1er août les gardes de la bastille-Saint-Denis, et d'y
» mettre des gens qui lui fussent absolument dévoués, afin qu'ils ne refu-
» sassent point ensuite d'ouvrir la porte aux Navarrois. Il paraît que Jean
» Maillard, échevin de Paris, qui, jusqu'alors, avait agi de concert avec lui,
» pour ce jour eu débat avec le prévôt des marchands et Josseran de Mas-
» con; et que Maillard, plutôt que de se confier au roi de Navarre, résolut de
» faire avec le Dauphin. Il s'adressa, pour cela, à Pépin des Essarts et à
» Jean de Charny, qu'il savait être les chefs du parti royaliste à Paris, il les
» avertit que la bastille Saint-Denis serait livrée cette nuit aux Navarrois, et
» il les engagea à armer leur parti. Ces trois hommes, accompagnés d'une
» troupe, se trouvèrent à la porte au moment où Marcel voulait en retirer
» la garde; ils l'accusèrent de trahison et donnèrent en témoignage les clefs
» qu'ils tenaient à la main ; aussitôt leurs partisans commencèrent à crier :
» A mort! à mort! tuez! tuez le prévôt des marchands et ses alliés, car ils
» sont traîtres ! » Jean de Charny lui porta le premier coup d'une hache, et aussitôt il fut achevé ; six des magistrats de Paris furent tués à ses côtés, plus de soixante de ceux qui l'avaient secondé dans le gouvernement de la ville furent emprisonnés. Charny, des Essarts et Maillard, envoyèrent aussitôt à Meaux un courrier au Dauphin, pour lui annoncer la mort de l'habile magistrat, qui avait si long-temps défendu les libertés de Paris, et pour l'engager à rentrer dans sa capitale. Avant d'avoir sa réponse cependant, ils se hâtèrent de faire couper la tête à Josseran de Mascon, trésorier du roi de Navarre, et à Charles Groussac, échevin. Le corps de Marcel et

de ceux de ses associés furent exposés, tous nus, dans la cour de l'église Sainte-Catherine du Val-des-Écoliers, et ensuite jetés dans la Seine; et le Dauphin (duc de Normandie) fit son entrée à Paris, le 3 août; il donna publiquement des témoignages de sa reconnaissance à Jean Maillard pour l'assassinat d'Étienne Marcel, et alla s'établir au Louvre.

MAURY (Jean-Sifrein), député aux États-Généraux, cardinal-prêtre, né le 26 juin 1746, a été archevêque de Paris; assailli à différentes époques de la révolution par des groupes populaires, l'abbé Maury se montra toujours inaccessible à la peur, et donna des preuves d'une présence d'esprit égale à son courage; poursuivi un jour par les cris : « A la lanterne ! » il se retourna vivement et répondit : « Quand vous m'aurez mis à la lanterne, » y verrez-vous plus clair ? » Une autre fois, des fanatiques révolutionnaires parlant de l'envoyer dire la messe à tous les diables : « Soit, leur dit-il, » mais vous viendrez me la servir, et voilà mes burettes, » en tirant de sa poche deux pistolets, que le soin de sa défense personnelle lui faisait porter habituellement. Des dames de haute distinction, fort connues par leur exaltation patriotique, l'interrompirent au milieu d'un discours fort important, et remplirent de leurs clameurs les tribunes publiques : « Monsieur le pré- » sident, s'écria-t-il aussitôt, faites taire ces sans-culottes, » et le mot resta pour désigner ce que le parti révolutionnaire renfermait de plus fougueux et de plus cynique ; on raconte que Mirabeau, croyant son rival enlacé dans de faux raisonnemens, s'écria : « Je tiens M. l'abbé Maury; je » vais l'enfermer dans un cercle vicieux, » à quoi l'abbé Maury répondit, avec son esprit et sa vivacité ordinaire : « Vous viendrez donc m'embrasser. » L'abbé Maury a laissé une volumineuse collection de sermons.

MÉJAN (Étienne, comte), conseiller d'État, ancien secrétaire des commandemens du prince vice-roi d'Italie, né à Montpellier vers 1765 ; il venait d'être inscrit sur le tableau des avocats, lorsqu'éclata la révolution. il en embrassa les principes avec ardeur, consacra sa plume à défendre la liberté. Il s'est fait remarquer par son style concis et nerveux, et plus encore par la sagesse et la pureté des principes qu'il publia. M. Méjan mit au jour un grand nombre d'écrits, dans lesquels il s'efforça de concilier les intérêts de la patrie avec ceux du trône ; pendant une certaine époque, il reprit sa place au barreau ; après, le 9 thermidor, qui succéda au régime de la terreur, ramena M. Méjan dans la lice ; il devint l'un des rédacteurs du journal l'*Historien*, qui paraissait sous la direction de Dupont de Nemours; après le 18 brumaire, il fut nommé secrétaire-général de la préfecture de la Seine ; en 1804, Napoléon le plaça auprès de son fils adoptif, en qualité de secrétaire de ses commandemens. Il est un fait trop honorable à M. Méjan pour négliger de le rapporter ; c'est qu'après avoir été le premier ministre et le favori d'un roi, il est revenu en France sans autre fortune que sa bibliothèque; il fut depuis gouverneur des enfans du prince Eugène; il a publié : *Collection complète des travaux de Mirabeau l'aîné à l'assemblée nationale*, précédée de tous les discours et ouvrages du même auteur. Paris, 1791-1792, 3 vol. in-8°, etc.

MIRON (François) * (statue), fut lieutenant-civil, puis prévôt des marchands de Paris, qui lui doit un grand nombre d'embellissemens qui subsistent encore, entre autres la façade de l'Hôtel-de-Ville, qu'il fit construire en y consacrant les émolumens de sa place de prévôt ; il a donné au roi Henri IV (sur son projet de réduire les rentes constituées sur la ville de Paris) des remontrances, que l'on trouve dans les *OEuvres de J. Leschassier*, mort en 1609.

NICOLEAU (Pierre), littérateur, né à Saint-Pé, département des Hautes-Pyrénées, professa d'abord avec distinction la rhétorique à Toulouse, pendant dix-huit ans, et remporta plusieurs prix à l'académie des jeux floraux de cette ville. Il vint ensuite à Paris établir une maison d'éducation, destinée à préparer des élèves du génie, de l'artillerie et de la marine, et quitta l'enseignement en 1784, dans l'intention de jouir tranquillement du fruit de son travail, mais la révolution l'arracha au repos. Après avoir rempli successivement les fonctions d'électeur, de membre du conseil de la commune, d'officier municipal et enfin président de l'administration centrale du département ; il finit par être nommé bibliothécaire de la ville de Paris, et conserva cette place jusqu'à sa mort ; en 1810, il avait pour collaborateur à la bibliothèque de la ville, André Migon, qui, le premier, établit les catalogues ** de cette bibliothèque, qu'il continua jus-

---

* L'ancienne rue du Monceau Saint-Gervais porte maintenant son nom.

** Catalogue continué par son petit-fils et son élève (Prosper Bailly), nommé récem-

qu'en 1823, époque de sa mort. On a de M. Nicoleau : *Epitre ou instruction de la reine Christine aux souverains*, Angers, 1770, in-8°; deux *Discours académiques*, dont l'un tend à déterminer ce qu'il y a de fixe, d'arbitraire dans le goût. Angers, 1770, in-8°; des *Stances philosophiques*, couronnées, en 1771, par l'académie de Rouen. 1772, in-8°; des *Elémens de calcul numérique et algébrique*. 1772, in-8°, ibid. 1775, in-12. On cite M. Nicoleau comme un des hommes les plus probes de notre siècle.

PACHE (Jean-Nicolas), ministre de la guerre et maire de Paris pendant la révolution, avait été d'abord précepteur des enfans du duc de Castries, qui lui avait donné ensuite un emploi dans les bureaux de la marine. Il était marié et établi en Suisse, lorsque la révolution le rappela à Paris. Il se fit remarquer bientôt par l'exagération de ses principes démocratiques et par une austérité qui n'était pas sans affectation, et grace à Brissot et à Rolland, qui le prônaient, il fut appelé, en 1792, à remplacer Serveau au ministère de la guerre ; son administration, à laquelle Vincent, Ronsin, Meusnier, et quelques autres désorganisateurs, imprimèrent un mouvement aussi violent que désordonné, coûta plus à la France que n'aurait pu le faire une armée ennemie. Ce n'est pas qu'il fut un homme cupide, mais l'amour inconsidéré de la réforme l'entraîna dans une foule d'actes de vexations et de gaspillages, qu'il eut au moins le tort de tolérer. Il fut dénoncé par la Gironde, et remplacé sur le rapport de Barrère (2 fév. 1793). Devenu par sa disgrace, et malgré la douceur de son caractère, l'un des chefs des Montagnards ; il fut élu maire de Paris, et manqua peu d'occasions d'attaquer la Gironde, dans le sein et au dehors de l'assemblée. Il nia toutefois jusqu'au dernier moment l'existence des complots ourdis sous l'influence démagogique, ne prit aucune mesure pour protéger la Convention contre le mouvement du 31 mai 1793 ; il porta témoignage quelques mois après contre les Girondins, dont une multitude furieuse avait obtenu

---

ment sous-bibliothécaire, et qui, d'après les instructions de M. de Rambuteau vient de mettre à exécution un plan déjà conçu par Bailly, maire de Paris, qui était de former une *Chambre de la ville de Paris*, composée de tous les ouvrages sur l'histoire de cette capitale, et la désignation de tous les livres utiles à joindre à cette collection déjà si curieuse.

le jugement ou plutôt la proscription. Bientôt les vainqueurs du 31 mai se divisèrent. Pache était dans les rangs des Cordeliers lors de la conjuration d'Hébert, qui amena la chute de cette faction. Il fut écarté de la municipalité par l'influence de Robespierre, et resta emprisonné jusqu'au 9 thermidor. Inquiété un moment par le Directoire à propos de la conspiration de Babeuf, mais sans aucune apparence de raison, il finit par se dégoûter du monde et des affaires, et se retira à Thym-le-Moutiers, département des Ardennes, où il vécut jusqu'en 1823, n'ayant qu'un très-modique revenu, dont il consacrait une partie à des actes de bienfaisance, mais ne voulant pas entendre parler des affaires publiques, ne lisant pas même les journaux, et ne parlant jamais des évènemens de sa vie politique. Il avait consacré de longues années de travail à un grand ouvrage de métaphysique, qui se trouve manuscrit entre les mains de son fils, lieutenant-colonel d'artillerie.

PERRONET (Jean-Rodolphe) (statue), célèbre ingénieur des ponts-et-chaussées, né à Suresne, près Paris, en 1708, fut chargé, à l'âge de 17 ans à peine, de diriger plusieurs constructions importantes dans cette ville. Nommé en 1747, directeur de l'école des ponts-et-chaussées, nouvellement fondée, il se montra digne de ce poste, et mit le sceau à sa réputation par treize ponts qui furent exécutés d'après ses plans ; quelques-uns, tels que ceux de Neuilly, de Nemours, de Pont-Sainte-Maxence et de Louis XVI, à Paris, passent pour des chefs-d'œuvre qui n'ont pas encore été surpassés. Celui de Neuilly était le premier exemple d'un pont horizontal. On doit encore à Perronet le canal de Bourgogne, et le projet de rendre navigable et d'amener à Paris la rivière d'Yvette, projet dont le but a été rempli depuis, d'une manière plus avantageuse, par l'exécution du canal de l'Ourcq (terminé sous l'administration de M. le comte de Chabrol, à qui la ville de Paris doit de grandes améliorations). Il faut parler aussi des routes qu'il a ouvertes, rectifiées ou plantées d'arbres, et de plusieurs machines ingénieuses. Nous ne pouvons entrer dans le détail de tous ses travaux qui, d'ailleurs ont été décrits dans 3 volumes in-fol. imprimés aux frais du gouvernement. Il mourut en 1794, regretté de tout le monde. Nous avons de lui un *Mémoire sur la recherche des moyens que l'on pourrait employer pour construire de grandes arches de pierre, de 200... jusqu'à 500 pieds d'ouverture, etc.* Paris, 1793, in-4°, et d'autres *Mémoires* insérés dans le *Recueil de l'Académie des Sciences* (Voir la *Notice pour servir à l'éloge de M. Perronet,* publiée en 1805 par M. Lesage); tous ces titres lui ont bien mérité l'honneur de figurer sur la façade de l'Hôtel-de-Ville.

PÉTION DE VILLENEUVE (Jérôme), l'un des hommes les plus marquans de la révolution française, fut loin toutefois d'être l'égal de Marat et de Robespierre. Sa conduite fut un mélange d'irrésolution et d'audace. Il provoqua d'excellentes mesures et participa à plusieurs forfaits atroces. Nommé maire de Paris , à la place du malheureux Bailly , il ne sut pas maintenir la populace dans de justes bornes, notamment dans la journée du 28 juin, où le roi fut assailli dans les Tuileries. Il fut destitué , mais le peuple , dont il était l'idole, le fit réintégrer. Enfin s'étant brouillé avec Robespierre, il fut mis hors la loi, et se sauva dans le département de la Gironde , où on le trouva, avec Salles et Buzot , mort de faim ou assassiné , et à moitié dévoré , dans un champ de blé, près de Saint-Emilion, en 1794.

ROBESPIERRE (Maximilien-Isidore), le plus exécrable des monstres qui souillèrent la révolution française, au nom de la liberté ; nommé aux États-Généraux , il montra plus d'originalité que de hardiesse ; il s'avança dans l'ombre , profitant des circonstances sans les faire naître (il n'en avait pas le talent) , il parvint peu à peu à dominer la Convention, qu'il fit trembler à la vue des supplices où il envoya la plupart de ses membres et tant de milliers de citoyens. Enfin , ses collègues , long-temps comprimés par la peur, sentirent qu'ils étaient perdus s'il vivait. Un coup d'audace les sauva, et le tyran fut mis en accusation. Il se réfugia à l'Hôtel-de-Ville , où il se tira un coup de pistolet qui lui fracassa la mâchoire ; il se montra impassible jusqu'au moment où l'échafaud, qui lui avait servi à immoler tant de victimes , trancha son horrible existence , de 1759 à 1794.

SULLY (Maximilien DE BÉTHUNE, baron de Rosni, duc de) (statue), maréchal de France, et principal ministre sous Henri IV, fut élevé avec ce prince et le suivit dans toutes les expéditions, où il se couvrit de gloire par son habileté et son courage. Lorsque Henri IV eut monté sur le trône, Sully devint ministre , et ne se montra pas moins habile diplomate , et surtout administrateur, que grand guerrier. Il remédia au brigandage des partisans, mit la plus grande économie dans les finances, et, avec trente-cinq millions de revenus, bien que le peuple en payât cent cinquante, qui se fondaient dans les mains des traitans, il paya, en dix ans, deux cent millions de dettes, et forma un revenu de cinquante millions. Il disait hautement la vérité à Henri IV, lui résistait souvent lorsque le bon cœur du roi lui faisait accorder des faveurs onéreuses pour le trésor, et n'en était pas moins considéré par lui comme le plus dévoué de ses sujets. L'assassinat du bon roi eut encore cela de malheureux pour la France, qu'il fut le signal de la disgrace de Sully, dont l'administration avait fait fleurir le commerce et l'agriculture; il se retira dans ses terres, où il publia ses mémoires, qui, depuis, ont été tronqués par l'intérêt personnel, le prince de Condé en ayant fait disparaître tout ce qui pouvait jeter du louche sur la naissance de son père. Appelé un jour à la cour par Louis XIII, les jeunes courtisans voulurent se moquer du vertueux ministre, dont le costume leur paraissait ridicule. « Sire, dit Sully au roi, quand votre père me faisait l'honneur de » me consulter, nous ne parlions d'affaires qu'après avoir fait passer dans » l'antichambre les baladins et les bouffons de la cour. » 1559-1614.

TASCHEREAU, homme de lettres, connu par diverses publications littéraires, a été nommé secrétaire-général de la préfecture, le 27 août 1830, ensuite maître des requêtes; il a quitté ses fonctions six mois après; il a été élu député de l'Indre-et-Loire, en 1839.

TURGOT (Michel-Étienne) (statue), élu, en 1729, prévôt des marchands de Paris, auquel les Parisiens doivent l'établissement de ces égouts immenses qui embrassent tout un côté de Paris, et le débarrassent d'immondices pestilentielles ; on lui doit aussi la fontaine de Grenelle, et son zèle vigilant fit régner l'abondance dans les temps les plus difficiles. 1699-1751.

VIOLLE (Pierre de) (statue), est célèbre dans les annales de l'Hôtel-de-Ville, pour le zèle qu'il mit à l'acroissement de cet édifice, à une époque où il était difficile de faire ressortir l'importance de cette juridiction ; cependant, le 15 juillet 1533, il posa la première pierre d'un édifice plus vaste et qui fut les premiers fondemens de l'hôtel que nous voyons ; ce n'était que le rez-de-chaussée où est placé de nos jours le corps-de-garde.

Pierre Violle méritait de figurer sur l'Hôtel-de-Ville, mieux que Hugues Aubriot, prévôt de Paris, dont la statue ne devrait être que sur la place de la Bastille, et non sur le palais des franchises communales.

VOISIN (Daniel), garde des sceaux sous Louis XIV, s'est illustré par son intégrité, dont nous citerons le trait suivant : Louis XIV ayant promis la grace d'un scélérat, Voisin refusa de sceller les lettres; le roi demanda les sceaux et les rendit au chancellier après en avoir fait usage..... « Ils sont pollués, » dit Voisin en les repoussant, « je ne les reprends plus.—Quel homme! » s'écria le roi, et il jeta les lettres de grace au feu. « Je reprends les sceaux, » dit alors le chancelier, « le feu purifie tout. » (1656-1718).

WALCKENAER (le baron), né à Paris, le 25 décembre 1771, membre de l'Institut (Académie royale des Inscriptions et Belles-Lettres), a commencé ses études dans cette ville, et, par suite des évènemens de la révolution, voyageant dans les Pays-Bas et en Angleterre, il les continua à Glascow, en Écosse, les termina à Paris, à l'école des ponts-et-chaussées et à l'école polytechnique. Sans ambition, ami de l'étude, indépendant par sa fortune, il vécut, durant huit années de la révolution, loin des affaires publiques, dans une de ses terres à huit lieues de Paris; on assure même que nommé professeur d'histoire à Montpellier, il n'accepta pas. Sa fortune littéraire et administrative date de la fin de 1813, époque où le gouvernement impérial succombait insensiblement; ce fut au mois d'octobre de cette année qu'il devint membre de l'Institut. Il fut nommé maire du 5° arrondissement de Paris, place qu'il occupa peu de temps, et où il laissa des regrets. Une ordonnance royale du 13 mai 1816, le nomma secrétaire-général de la préfecture de la Seine; en 1823 une nouvelle ordonnance le nomma maître des requêtes avec le titre de baron; le 21 juin 1826, nommé préfet de la Nièvre, entra en fonctions le 12 juillet même année; ensuite il passa à la préfecture de l'Aisne, où il resta jusqu'en 1830. Dans ces deux préfectures il s'y fit remarquer par sa bonne gestion.

M. Walckenaer a publié un grand nombre d'ouvrages que nous ne nommerons pas, vu le plan de cette notice, et ses travaux littéraires prouvent une rectitude d'idée qu'une longue étude et une profonde discussion des faits fondamentaux peuvent seules donner; ses travaux se sont lus avec un grand intérêt, et l'on y trouve la touche savante et sûre d'un maître consommé.

Les personnes qui connaissent le goût passionné de M. Walckenaer, pour les sciences et pour le travail, savent qu'il n'avait épargné aucun sacrifice pour réunir un grand nombre de livres, et composer une bibliothèque de 13,633 volumes, et certainement Labruyère ne pouvait pas dire de ce savant, « qu'on ne s'aperçoit qu'il existe là une bibliothèque, que par l'odeur du cuir. » car nous avons été à même de remarquer dans un grand nombre d'ouvrages de cette belle collection, une quantité étonnantes de notes manuscrites de ce savant ; et par la nomenclature des ouvrages déjà publiés par cet académicien, joint aux fonctions dont il n'a cessé d'être revêtu. On voit facilement qu'il existe peu d'homme aussi laborieux.

M. le baron Walckenaer a été nommé par ordonnance royale, en 1839, bibliothécaire-adjoint aux cartes et plans de la bibliothèque du roi.

Noms des personnages dont les statues figurent sur la façade de l'Hôtel-de-Ville.

AUBRIOT.
BAILLY.
BOYLEAUX.
DELORME.
GOUJON.
GOZLIN.
JUVÉNAL DES URSINS.
LANDRY (Saint).

LEBRUN.
LESCOT.
LESUEUR.
MIRON.
PERRONET.
SULLY (de).
TURGOT.
VIOLLE (de).

Hommes remarquables nés à Paris.

ALEMBERT (D'), mathématicien et philosophe; XVIIIe siècle.

ANQUETIL, historien; XVIIIe siècle.

ANQUETIL DUPERRON, savant orientaliste; XVIIIe siècle.

ANVILLE (D'), géograp.; XVIIIe siècle.

ARNAULD D'ANDILLY; XVIIIe siècle.

ARNAULT, auteur dramatique; XIXe siècle.

AUGEREAU, duc de Castiglione, maréchal de l'Empire; XVIIIe siècle.

BAILLY, savant distingué, maire de Paris: XVIIIe siècle.

BARBIER DU BOCCAGE, géographe; XIXe siècle.

BARRÉ, créateur du Vaudeville; XVIIIe siècle.

BEAU (LE), historien; XVIIIe siècle.

BEAUMARCHAIS, auteur dramatique; XVIIIe siècle.

BÉRANGER, poète illustre et notre premier chansonnier; XIXe siècle.

BERRYER, avocat; XIXe siècle.

BERTON, musicien-compositeur; XIXe siècle.

BEUCHOT, savant bibliographe; XIXe siècle.

BIOT, savant astronome; XIXe siècle.

BOILEAU, poète célèbre; XVIIe siècle.

BOUCHER, peintre; XVIIIe siècle.

BOUGAINVILLE, célèbre navigateur; XVIIIe siècle.

BOULARD, bibliophile; XIXe siècle.

BRISSOT DE VARVILLE, conventionnel; XVIIIe siècle.

BROGNIARD, architecte; XIXe siècle.

BUDÉ, savant et diplomate; XVe siècle.

CADET GASSICOURT, naturaliste; XVIIIe siècle.

CAMILLE DESMOULINS; XVIIIe siècle.

CARTELLIER, sculpteur; XIXe siècle.

CASSINI, savant astronome; XIXe siècle.

CATINAT, maréchal de France; XVIIe siècle.

CAUCHOIS LEMAIRE, publiciste; XIXe siècle.

CAYLUS (comte de), antiquaire; XVIIIe siècle.

CHAPELAIN; XVIIe siècle.

CHARDIN, voyageur en Orient; XVIIe siècle.

CHARLET, le plus populaire de nos dessinateurs; XIXe siècle.

CHARRON, philosophe; XVIe siècle.

CHAUDET, habile sculpteur; XIXe siècl.

CHÉNIER (M.-J.), poète et auteur tragique, né à Constantinople, mais originaire de Paris; XIXe siècl.

CHÉZY, orientaliste; XIXe siècle.

CLAIRAULT, mathématicien; XVIIIe siècle.

CLAIREMBAULT, compositeur de musique; XVIIe siècle.

COCHIN, fondateur de l'hospice qui porte son nom; XVIIIe siècle.

CONDAMINE (LA), astronome; XVIIIe siècle.

CONDÉ, surnommé le Grand; XVIIIe siècle.

CONDORCET, savant distingué; XVIIIe siècle.

COUSIN (Victor), philosophe; XIXe siècle.

COUSTON, habile sculpteur; XVIIIe siècle.

COYPEL, peintre; XVIIe siècle.

CRÉBILLON, poète; XVIIIe siècle.

DACIER, savant; XIXe siècle.

Darcet, habile chimiste; xixᵉ siècle.
David, le plus gand de nos peintres. xixᵉ siècle.
Delacroix (Eugène), peintre; xixᵉ siècle.
Delambre, astronome; xixᵉ siècle.
Deleuze, naturaliste; xixᵉ siècle.
Desnoyers, graveur; xixᵉ siècle.
D'Estrées, maréchal de France; xviiᵉ siècle.
Déveria (les frères), peintres et dessinateurs; xixᵉ siècle.
Didot (les), imprimeurs; xviiiᵉ et xixᵉ siècles.
Dorat, poète; xviiiᵉ siècle.
Drouais, peintre; xixᵉ siècle.
Dupont de Nemours, littérateur; xixᵉ siècle.
Étienne (les), savans imprimeurs; xviᵉ siècle.
Estaings (d'), amiral; xviiiᵉ siècle.
Eugène (le prince), général; xviiiᵉ siècle.
Falconnet, sculpteur; xviiiᵉ siècle.
Gaudin, duc de Gaëte, ancien ministre; xixᵉ siècle.
Goujon (Jean), célèbre sculpteur; xviᵉ siècle.
Grimod de la Reynière, gastronome; xixᵉ siècle.
Gros, peintre; xixᵉ siècle.
Grouchy, maréchal de France; xixᵉ siècle.
Gudin (Th.), célèbre peintre de marines; xixᵉ siècle.
Guignes (de) fils, orientaliste; xixᵉ siècle.
Hallé, médecin; xviiiᵉ siècle.
Hassenfratz, physicien; xviiiᵉ siècle.
Helvetius, philosophe; xviiiᵉ siècle.
Herbelot (d'), orientaliste; xviiᵉ siècle.

Herhan, fondeur de caractères; xixᵉ siècle.
Hesnault, historien; xviiᵉ siècle.
Houdard de la Motte, auteur dramatique; xviiiᵉ siècle.
Huzard, vétérinaire; xixᵉ siècle.
Jadelle, un des plus anciens auteurs dramatiques; xviᵉ siècle.
Kain (Le), acteur célèbre; xviiiᵉ siècl.
Lacroix, géomètre; xixᵉ siècle.
Laharpe, auteur critique; xviiiᵉsiècl.
Largillière, peintre de portraits; xviiᵉ siècle.
Lavoisier, célèbre chimiste; xviiiᵉ siècle.
L'Épée (l'abbé de), fondateur de l'établissement des sourds-muets. xviiiᵉ siècle.
Lebrun, peintre; xviiᵉ siècle.
Lebrun, poète lyrique; xviiiᵉ siècle.
Legouvé, auteur dramatique; xixᵉ siècle.
Lesueur, célèbre compositeur de musique; xixᵉ siècle.
Louis-Philippe Iᵉʳ, roi des Français; xixᵉ siècle.
Maistre de Sacy (Le), traducteur de la Bible; xviiᵉ siècle.
Mallebranche, savant et philosophe, xviiᵉ siècle.
Malesherbes, vertueux défenseur de Louis XVI; xviiiᵉ siècle.
Mansard, architecte; xviiᵉ siècle.
Marivaux, auteur dramatique; xviiiᵉ siècle.
Mercier, poète dramatique et littérateur; xviiiᵉ siècle.
Molé (Mathieu), premier président du Parlement; xviiᵉ siècle.
Molière, le premier des auteurs comiques; xviiᵉ siècle.
Moreau, dessinateur; xviiiᵉ siècle.

Notre (Le), architecte et décorateur de jardins; xvii⁰ siècle.

Orléans (le duc d'), père de Louis-Philippe I⁰ʳ; xviii⁰ siècle.

Perceval-Grandmaison, poète; xix⁰ siècle.

Pasquier (Etienne), avocat au Parlement, auteur des *Recherches sur les origines françaises;* xvi⁰ siècle.

Patru (Olivier), avocat; xvii⁰ siècle.

Perrault, auteur de la colonnade du Louvre; xvii⁰ siècle.

Petit de la Croix, orientaliste; xvii⁰ siècle.

Picard, auteur dramatique; xix⁰ siècle.

Pigalle, sculpteur; xviii⁰ siècle.

Quinault, poète lyrique; xvii⁰ siècl.

Racine fils, poète; xviii⁰ siècle.

Ramey, sculpteur; xix⁰ siècle.

Regnard, auteur comique; xvii⁰ siècle.

Richelieu, cardinal, ministre de Louis XIII; xvii⁰ siècle.

Rollin, historien; xviii⁰ siècle.

Rousseau (J.-B.), poète lyrique; xviii⁰ siècle.

Santeuil, célèbre poète latin; xvii⁰ siècle.

Scarron (Paul), poète burlesque; xvii⁰ siècle.

Sédaine, auteur d'agréables opéras comiques; xviii⁰ siècle.

Sueur (Le) (Eustache), un des grands peintres de l'école française; xvii⁰ siècle.

Talma, acteur tragique; xix⁰ siècle.

Thou (de), historien; xvi⁰ siècle.

Turgot, ministre; xviii⁰ siècle.

Vernet père et fils, peintres célèbres; xix⁰ siècle.

Villemain, littérateur; xix⁰ siècle.

Vouet, peintre; xvi⁰ siècle.

TABLE.

Avant-Propos..page	1
Description de l'Hôtel-de-Ville.................................	5
Juridiction de l'Hôtel-de-Ville..................................	23
Liste des Prévôts des Marchands...............................	30
Maires de Paris (1789 à 1793).................................	32
Administrateurs (1795 à l'an VIII).............................	id.
Préfets (1804 à 1839) (Secrétaire-général)..................	id.
Conseil de préfecture...	id.
Conseil municipal général......................................	33
Maires et Adjoints...	id.
Sommaire des fêtes...	34
Fête du Sacre de Napoléon.....................................	36
id. du Mariage de Napoléon....................................	44
id. du Trocadéro..	47
id. anniversaire de Juillet (1833).............................	53
id. du Mariage de Monseigneur le duc d'Orléans (1837).....	55
Notice sur l'Hôpital du Saint-Esprit...........................	57
id. sur l'Église Saint-Jean.....................................	59
id. sur le grand Bureau des Pauvres.........................	62
id. sur la Bibliothèque de la Ville............................	63
id. biographiques...	73
Noms des Statues qui figurent sur la façade de l'Hôtel-de-Ville....	100
id. des Personnages remarquables nés à Paris...............	101

ERRATA. — Page 10, ligne 20, au lieu de 1690, *lisez* : 1670.
— 30, — 6, au lieu de 1268 à 1830, *lisez* : 1268 à 1836.
— 55, — dernière, au lieu de Charrere, *lisez* : Charre.
— 70, — 8, au lieu de 1829, *lisez* : 1830.

www.ingramcontent.com/pod-product-compliance
Lightning Source LLC
Chambersburg PA
CBHW070520100426
42743CB00010B/1883